高职高专经济管理类创新教材

管理会计实务

马慧东　董　浩　主　编

万　梅　蔡玉华　赵　明　李华萍　副主编

清华大学出版社

北　京

内 容 简 介

本书广泛借鉴国内外管理会计理论与实务的最新成果，结合财政部发布的《管理会计基本指引》和《管理会计应用指引》，根据企业管理会计工作岗位内容和工作流程，结合职业院校"会计技能"大赛管理会计赛项岗位设置情况重构和序化管理会计课程内容，具体分为六章：管理会计概论、成本管理、营运管理、投融资管理、预算管理、绩效管理。本书将知识讲授和同步练习融为一体，满足职业教育"教、学、做"的需要。

本书以学银在线全国开放课程管理会计教学平台作为重要支撑，提供了"教、学、做"所需的丰富教学资源，配有课程标准、教学课件、教学视频、同步练习及参考答案、在线讨论、测试试卷和实训资料等，读者可通过扫描书中二维码使用相关资源，进行自主学习。

本书可作为高等职业院校经济管理相关专业的教材，也可作为企业财务管理、会计人员和经营管理人员的参考用书，还可作为从事相关专业经济管理教学工作的教师用书，以及对管理会计感兴趣的社会人员的学习用书；同时也可作为职业院校"会计技能"大赛管理会计赛项、1+X 数字化管理会计证书考试的参考用书。

图书在版编目(CIP)数据

管理会计实务/马慧东，董浩主编. —北京：清华大学出版社，2022.4
高职高专经济管理类创新教材
ISBN 978-7-302-60456-3

Ⅰ.①管…　Ⅱ.①马…②董…　Ⅲ.①管理会计—高等职业教育—教材　Ⅳ.①F234.3

中国版本图书馆 CIP 数据核字(2022)第 050902 号

责任编辑：刘金喜
封面设计：常雪影
版式设计：孔祥峰
责任校对：成凤进
责任印制：曹婉颖

出版发行：清华大学出版社
　　　　网　　　址：http://www.tup.com.cn，http://www.wqbook.com
　　　　地　　　址：北京清华大学学研大厦 A 座　　　　邮　　编：100084
　　　　社　总　机：010-83470000　　　　　　　　　　邮　　购：010-62786544
　　　　投稿与读者服务：010-62776969，c-service@tup.tsinghua.edu.cn
　　　　质　量　反　馈：010-62772015，zhiliang@tup.tsinghua.edu.cn
印　装　者：三河市天利华印刷装订有限公司
经　　　销：全国新华书店
开　　　本：185mm×260mm　　　印　　张：14　　　字　　数：315 千字
版　　　次：2022 年 5 月第 1 版　　　印　　次：2022 年 5 月第 1 次印刷
定　　　价：58.00 元

产品编号：088246-01

马慧东 山东青州人，管理学硕士(会计学专业)，副教授，注册会计师，高级会计师，职业指导师，学银在线全国开放课程"管理会计"课程主持人；拥有10年以上大型国企和会计师事务所工作经验，现为山东科技职业学院经济管理系"双师型"教师，主讲课程有"管理会计""财务会计实务""成本会计""纳税会计""会计信息化"等。

董浩 山东安丘人，会计硕士，经济学博士，讲师，经济师，学银在线全国开放课程"管理会计"课程主讲教师；现为山东科技职业学院经济管理系专任教师，主讲课程有"管理会计""成本会计""经济学"等。

　　管理会计是将管理与会计这两个主题有机结合起来而形成的一门新兴的、综合性的学科。它与财务会计构成现代企业会计的两大支柱，是学生的知识储备从"核算"到"管理"的桥梁，促使学生的视角从关注企业的"点"到"线"和"面"。随着社会经济的发展，管理会计的理论和方法在经济管理，尤其是微观经济管理中的作用已被人们充分认识，日益成为企业管理中不可或缺的重要手段，其应用范围也越来越广泛。

　　为了适应经济环境、会计环境和教育环境的变化，反映管理会计理论研究成果和管理会计工作的最新动态，满足管理会计教学的需要，推动会计专业的教学重点由传统核算向管理转变，我们组织编写了《管理会计实务》一书。本书依据《管理会计基本指引》和《管理会计应用指引》设计内容框架，体系完整、结构合理、层次清晰、逻辑严密，适合作为高等职业院校"管理会计"课程的教材。本书主要特色如下。

1. 重构和序化课程内容

　　本书根据企业管理会计工作岗位内容和工作流程，结合职业院校"会计技能"大赛管理会计赛项岗位设置情况，重构和序化管理会计课程内容，具体分为六章：管理会计概论、成本管理、营运管理、投融资管理、预算管理、绩效管理。结构上更加贴近企业管理会计的岗位设置，内容上更加符合企业在规划、决策、控制和评价等方面管理的需要。

2. 理论实践并重，课岗赛训融合

　　本书从高等职业院校专业建设和师生实际情况出发，既注重理论介绍，又注重实践应用，融入职业院校"会计技能"大赛管理会计赛项、1+X数字化管理会计证书考试等内容，确保"理实一体化"及"课岗赛训融合"，真正突出了"以学生为中心"的教育理念。

3. 教学资源丰富，配套国家在线开放课程

　　本书以学银在线全国开放课程"管理会计"教学平台(http://www.xueyinonline.com/detail/222651602)作为重要支撑，提供了"教、学、做"所需的丰富教学资源，配有课程标准、教学课件、教学视频、同步练习及参考答案、在线讨论、测试试卷和实训资料等，面向全国高等职业院校在校学生、社会学习者等开放，提升了课程的社会覆盖面和受益面，方便学习者边学、边做、边练，满足在线开放课程和专业教学资源库建设的需要，也为教师创新课堂教学、实施翻转课堂或混合式教学提供了方便。

4. 课程思政深度融入课程内容

本书在教学目标中设置了"素质目标"，将课程思政元素融入课程内容中，并且具体到每一章节，让学生在学好管理会计课程理论知识、掌握实际操作的同时养成良好的职业道德，培养学生爱国爱岗的情怀、诚实守信的品质和大国工匠的精神；将知识目标、能力目标、素质目标有机融合，注重在校内及教学平台进行"课程思政"教学改革，培养全面发展的优秀学生。

本书教学资源可通过http://www.tupwk.com.cn/downpage页面或扫描下方二维码下载。教学视频和同步练习参考答案可通过扫描书中二维码观看。

教学资源下载

本书由马慧东拟定提纲，马慧东、董浩担任主编，万梅、蔡玉华、赵明、李华萍担任副主编，魏杰和孙静分别参与第二章和第五章的前期编写。全书由马慧东总纂定稿。

本书在编写过程中得到了山东北方联合会计师事务所、潍坊博远财务管理咨询有限公司等单位的大力支持，还参考了近年来出版的管理会计类专著、教材及杂志，以及网上的相关资料，在此一并表示衷心的感谢。

由于编者水平有限，难免存在疏漏和不足之处，敬请专家和读者给予批评、指正。

编　者
2022年4月

目 录

第一章 管理会计概论

学习目标

知识目标

掌握我国"管理会计"的定义；掌握管理会计的基本内容和一般程序；掌握管理会计与财务会计的关系。

能力目标

通过学习管理会计的形成与发展历程，充分认识到管理会计的重要性；明确管理会计的职能和目标。

素质目标

树立正确的职业观念；引导学生深刻理解并自觉实践管理会计行业的职业精神；具备管理会计思维、扎实的理论知识和国际视野；为以后从事管理会计工作奠定素质基础，为我国会计行业做出贡献。

引导案例

智能制造是新一轮产业革命的核心驱动力

机器人是集机械、电子、控制、传感、人工智能等多学科先进技术于一体的自动化装备。1959年，美国第一台工业机器人诞生，历经50余年，机器人产业经过初始阶段的低迷，在近些年开始迅速崛起并日趋完善。

由于工业机器人能准确地、不知疲倦地完成各种简单的重复性工作，有效提高了劳动生产率，降低了生产成本，所以被很多企业广泛采用。有学者预言，随着机器人技术的日益成熟，工业机器人极有可能最终取代机床，成为新一代工业生产的基础。服务型机器人在近些年开始走进大众视野，并随着人工智能技术、先进制造技术和移动互联网的创新融合而飞速发展，越来越多的服务型机器人被研发出来，开始改变人类的社会生活方式。

如今，机器人的使用范围已开始向国家安全、特殊环境服役、医疗辅助、科学考察等多个领域扩展，并且机器人步入智能化阶段的产业前景被普遍看好。麦肯锡预计，到2025年全球5%～15%的制造业将被工业机器人取代。英国牛津大学一项针对700多种职业的分析研究表明，今后10～20年，美国有一半以上的职业或将由机器人承担，产业所构建的社会网络，将遍及社会生产、生活各个领域，成为新一轮产业革命后的社会形态——智能社会的基础。

时代在进步，管理会计未来决策也必须跟进。研发成本的投入，未来价值的研判，都离不开管理会计的强大功能！

思考：

1. 人工智能是否会取代管理会计或财务会计？

2. 管理会计有哪些功能？

第一节　管理会计概述

一、管理会计的概念

(一) 西方学者的观点

管理会计的萌芽可以追溯到20世纪初。第一次世界大战后，美国许多企业推行弗雷德里克·温斯洛·泰勒(Frederick Winslow Taylor)的科学管理法，借此来提高企业的生产效率和工作效率。为了配合科学管理，"标准成本""差异分析"和"预算控制"等方法开始引入会计中，成为成本会计的一个组成部分。当时有学者提出"管理的会计"一词，并主张将管理的重心放在加强内部管理上，但没有受到会计界的普遍重视。到了20世纪40年代，特别是第二次世界大战以后，为了应付激烈的市场竞争，企业广泛实行职能管理与行为科学管理，借以提高产品质量，降低产品成本，扩大企业利润。与此相适应，"责任会计"与"成本-业务量-利润分析"等专门方法也应运而生，并加入原有的会计方法体系中。1952年，美国会计学会年会正式通过了"管理会计"这个名词，标志着管理会计正式形成，于是，传统会计被称为"财务会计"。这就产生了现代会计的两大分支，即财务会计和管理会计。

财务会计(通常也称为对外会计)主要是对企业已经发生的经济业务采用专门的方法进行确认、计量、记录和报告，为企业信息使用者提供决策有用的信息，并如实反映受托责任的履行情况。管理会计(也称为对内会计)作为会计的重要分支，主要服务于单位内部，是通过利用财务会计提供的相关信息，以及非财务信息，进行事前的分析和预测、事中的控制及事后的评价，为企业管理者提供决策依据和建议的管理活动。

尽管管理会计的理论和实践最先起源于西方社会，但迄今为止在西方尚未形成一个统一的管理会计的概念。

管理会计的概念

美国管理会计师协会对管理会计的定义是：管理会计是一种深度参与管理决策、制订计划与绩效管理系统、提供财务报告与控制方面的专业知识，以及帮助管理者制定并实施组织战略的职业。

英国特许管理会计师公会对管理会计的定义是：管理会计是为组织创造价值和保值而收集、分析、传递和使用与决策相关的财务与非财务信息。

加拿大管理会计师协会对管理会计的定义是：管理会计是会计专业的一个分支，是提供企业管理计划、指挥、决策所需要的信息，以及企业各个管理层级如何有效利用信息进行最有效决策的过程。

国际会计师联合会对管理会计的定义是：管理会计是指在组织内部，对管理当局用于规划、评价和控制的财务和运营信息进行确认、计量、积累、分析、处理、解释和传输的过程，以确保其资源利用并对它们承担经营责任。

(二) 我国对管理会计的定义

改革开放以来，特别是社会主义市场经济体制建立以来，我国会计工作紧紧围绕服务经济财政工作大局，会计改革与发展取得显著成绩。但是，我国管理会计发展相对滞后，迫切要求继续深化会计改革，切实加强管理会计工作。同时，党的十八届三中全会对全面深化改革做出了总体部署，建立现代财政制度、推进国家治理体系和治理能力现代化已经成为财政改革的重要方向；建立和完善现代企业制度，增强价值创造力已经成为企业的内在需要；推进预算绩效管理、建立事业单位法人治理结构，已经成为行政事业单位的内在要求，这就要求财政部门顺时应势，大力发展管理会计。2014年10月，财政部印发了《财政部关于全面推进管理会计体系建设的指导意见》(以下简称《指导意见》)，为全面贯彻落实党的十八大和十八届三中全会精神，全面提升会计工作总体水平，推动经济更有效率、更加公平、更可持续发展，根据《会计改革与发展"十二五"规划纲要》，明确提出了全面推进管理会计体系建设的指导思想、基本原则、主要目标、主要任务和措施及工作要求，为我国管理会计发展规划了蓝图，指明了方向。

财政部印发的《指导意见》对管理会计的定义是：管理会计是会计的重要分支，主要服务于单位(包括企业和行政事业单位，下同)内部管理需要，是通过利用相关信息，有机融合财务与业务活动，在单位规划、决策控制和评价等方面发挥重要作用的管理活动。

2016年6月，财政部印发了《管理会计基本指引》(以下简称《基本指引》)，总结提炼了管理会计的目标、原则、要素等内容，以指导单位管理会计实践。《基本指引》指出：管理会计的目标是通过运用管理会计工具方法，参与单位规划、决策、控制、评价活动并为之提供有用信息，推动单位实现战略规划。

二、管理会计的形成与发展

管理会计的
形成与发展

管理会计，顾名思义，是"管理"与"会计"的直接结合，管理会计的产生与会计的发展及管理科学的发展密不可分。

管理会计作为现代企业会计信息系统中的一个子系统，其产生是会计学科不断发展的必然结果，也是社会生产力发展到一定阶段的必然产物。管理会计的真正形成是在第二次世界大战以后，当时资本主义经济迅速发展，大量的军用产品生产企业向民用产品生产企业转换，市场竞争接近炽热化，一些企业由于经营不善而破产、倒闭。由此对会计提出了不仅要事后算账、事中控制，而且要做到事前预测和决策的要求。于是，管理会计从财务会计中分离出来，成为会计的一个独立分支，形成了由预测决策会计、控制会计和责任会计组成的比较完整的体系，被当时的会计界所认可，在大中型制造企业中也得到了普遍运用。可见，管理会计的产生与社会生产力的发展息息相关。

同时，西方管理科学的发展对管理会计的产生与发展起了不可替代的作用，是促使管理与会计相结合的重要条件。依据西方管理科学的发展，可以将管理会计的形成概括为以下3个阶段。

(一) 传统管理会计阶段

这一阶段的时间跨度为20世纪初至20世纪50年代，管理理论的代表人物是被西方誉为"科学管理之父"的弗雷德里克·温斯洛·泰勒。他在1911年出版《科学管理原理》一书，阐述科学管理理论的内涵。科学管理的主要内容有以下四部分：一是差别计价工资制，即对同一种工作设有两种不同的工资率计付工资，对用时少、质量高的工人按高工资率计付工资，而对用时长、质量差的工人按低工资率支付工资，以此激励工人努力工作。二是工时研究与标准化，即将一项工作分解为多种基本的组成部分，做出测试，然后根据其合理性重新进行安排，以确定最佳的标准工作方法。同时，对工具、机器原料和作业环境等进行改进并使之与任务有关的所有要素最终都实行标准化。三是职能工长制，即将责任分为执行职责和计划职责，在不同岗位配备不同的责任人，以解决综合管理人才短缺的矛盾。四是例外管理，即提供给企业经理人员的应是简洁明了、具有对比性的报告，其内容应该只包括以往正常情况下未出现过的或标准的各种例外情况，以节约经理人员的宝贵时间，使其有更多时间对重大问题进行决策分析。

在科学管理理论的影响下，1922年美国会计学者奎因坦斯(H. W. Quaintance)出版的专著《管理会计：财务管理入门》首次提出"管理会计"术语，但书中只是把管理会计局限于企业内部财务管理的范畴。1924年，麦金西(Mckinsey)出版专著《管理会计》，同年，布利斯(Bliss)也出版专著《通过会计进行经营管理》，这些著作被西方誉为早期管理会计学的代表作。

泰勒的科学管理理论使得当时注重事后记账、算账的传统会计模式面临严峻挑战。与泰勒同时代的哈林顿·埃默森(Harrington Emerson)在成本管理上实行了标准人工成本法，亨利·甘特(Henry Laurence Gantt)又将标准人工成本法推广到材料和制造费用的成本管理中。预算控制也是科学管理原理引入会计的产物。19世纪末至20世纪初，美国小城镇率先实施公共预算制度，以后逐步推广到美国各州，并从单项预算发展为企业的全面预算。1912年6月，美国国会公布了《预算和会计法》，对民间企业推行预算控制起了决定性的作用。标准成本制度与预算控制制度在美国的推广，标志着管理会计的理论体系已初具雏形。

(二) 现代管理会计阶段

这一阶段的时间跨度为20世纪50年代至20世纪80年代，世界经济进入了新的发展时期。日益高涨的第二次技术革命浪潮推动社会生产力迅猛发展，生产高度自动化和社会化，产品更新周期大大缩短，一系列新兴产业层出不穷，资本的国际化加剧，企业的组织规模不断扩大，出现了大量的集团公司、跨国公司。企业产销规模庞大，管理层次繁多，企业间的竞争越来越激烈，单纯依靠大规模的技术革新已经无法应对外部市场的急剧变化。面对瞬息万变的外部环境，企业管理人员意识到，欲使本企业在市场竞争中处于不败之地，需要不断提高自身价值，对市场变化进行正确预测，在科学预测的基础上做出决策。由此，管理会计的工作重心从规划控制、差异分析向事前预测、决策转移。同时，为了适应企业的庞大规模，绝大多数集团公司实行了分权管理模式，业绩考核就变得非常重要。在业绩考核过程中，如何恰当、合理地评价被考核者的业绩，充分调动企业各部门及其每一位员工的工作积极性，提高工作效率，即如何评价人的行为活动，成为管理会计研究的重点。20世纪60年代以来，行为科学被应用于管理会计，使管理会计理论不断得到丰富和充实，成为管理会计的理论支柱之一。

(三) 战略管理会计阶段

20世纪80年代以来，随着科学技术领域中新技术的不断涌现，经济结构、产业结构和产品结构都发生了巨大的变化，使管理理论和实践受到极大的冲击和挑战，国外学者率先提出了战略管理的理念，即企业的管理不仅要协调内部的各种关系，还要协调企业内部与外部环境的关系，使企业在变幻莫测的市场中生存下来并不断发展。因此，与战略管理相适应的战略管理会计自然成为各国学者研究和探索的新课题。战略管理会计是在现代管理基础上的进一步发展，与战略管理相互依存、相互渗透，但其总体框架结构还不是很完善。一般观点认为，战略管理会计是以取得整体竞争优势为主要目标，以战略观念审视企业内部和外部信息，强调财务与非财务信息、数量与非数量信息并重，为企业战略及企业战术进行制定、执行和考评，揭示企业在整个行业中的地位及其发展前景，建立预警分析系统，提供全面、相关和多元化信息而形成的战略管理与管理会计融为一体的新型的管理会计体系和方法。目前西方战略管理会计主要关注战略成本分析、目标成本法、产品生命周期成本法及平衡记分卡4个领域。

随着网络信息技术的飞速发展和各种先进管理思想的诞生及应用，管理会计的对象也发生了变革，由传统管理会计下的现金流向战略管理会计下的价值流发展。传统的管理会计对象是现金流，它强调现金流入、流出预算是否完成并向上一级负责；战略管理会计对象是价值流，它强调顾客是否满意，同时关注其价值贡献和价值流的横向联系。企业的价值流是一个战略实施的基本责任单位，强调顾客至上和为企业创造价值的原则。每一个价值流都有自身的起点和终点、输入和输出，可以用效用值(如顾客的满意度、货币或非货币等计量方法)来描述价值流的输入和输出。在工业企业中，顾客管理、营销管理、经营管理、财务管理、人事管理和信息管理等都是企业的基本价值流，价值流强调的是为顾客提供满意的产品或服务，但从实现企业的目标——企业价值最大化来看，价值流的效用值控制还是要考虑以货币计量的成本和贡献，因此，企业战略规划目标可以通过将价值流分解成子目标来实现。

管理会计学是把管理与会计两个学科巧妙地融为一体的一门新兴的边缘学科，是管理科学和会计科学相结合的产物，它的形成和发展是会计发展史上一座重要的里程碑。现代管理会计从传统会计系统中分化出来，成为与财务会计并列共生而又相对独立的新兴交叉学科，其既是社会经济环境变迁的产物，又是多种经济思想与管理方法相互借鉴、发展推动的结果。从社会经济环境变化的过程中可以发现：市场需求推动了技术创新，技术创新又推动了企业制度创新。由此可见，需求变化、技术创新和企业制度创新之间的互动关系及其结果，构成了管理会计产生与发展的基本脉络。

第二节　管理会计的职能与目标

一、管理会计的职能

管理会计的职能是管理会计本质的体现，是管理会计本身固有的客观功能。管理会计是管理科学与会计科学相结合的产物，因此，管理会计的职能与管理的职能和会计的职能密切相关。管理的职能最初是计划、组织、指挥、协调、控制，即五职能说，而现代管理职能还要加上预测、决策，由此成为七职能说。越来越多的管理学者认为，在管理的各项职能中，最主要的或最基本的职能是规划与控制。管理会计的职能可以概括为以下几个方面。

管理会计的职能

(一) 预测职能

预测，是指采用科学方法预计、推断客观事物未来发展方向和程度的管理行为，也就是根据过去和现在预计未来，由已知推断未知的过程。管理会计的预测职能，就是根据企业未来的目标和经营方针，充分考虑经济规律和资源约束，利用会计、统计和其他有关信息，采用科学的经济预测方法，对企业未来的销售、成本、利润和资金需求等重要经济指标进行合理的预计和推断，为企业管理者进行正确的经营决策提供信息支持。因此，预测职能是管理会计的基本职能，也是执行其他职能的基础。

(二) 决策职能

决策，通俗地讲就是做出决定或"拍板"，即对未来行动的目标或方向及实现目标的方法和手段做出决定。严格地说，参与决策不同于决策，它是指管理会计人员为了使企业决策者做出正确的判断和决策，在充分利用会计信息和其他相关信息的基础上，对生产经营或投资活动中的特定问题拟定的备选方案，运用专门的方法进行科学测算、比较和分析，初步筛选出可行方案，供决策者进行选择的各项准备工作及过程。

(三) 预算职能

预算是行动计划的定量表现，是在最终确定的决策方案的基础上编制企业全面预算和各责任单位的责任预算，从而确定企业各方面应达成的主要目标，借以指导当前及未来的经济活动。预算职能既是参与决策职能的继续，又是控制职能和考评职能的基础。

(四) 控制职能

控制主要是根据预算标准来衡量预算执行情况，纠正预算执行中的偏差，确保预算目标的实现。这一职能的充分发挥，要求将对经济过程的事前控制与事中控制有机地结合起来，即通过事前预设科学可行的控制标准(预算标准)，并对标准执行偏差及时处理，以保证企业各项经济活动不偏离既定的目标。

(五) 考评职能

考评主要是在事后，根据各责任单位所编制的业绩报告，将实际数据与预算标准进行对比，并分析其中的差异及产生的原因，明确责任归属，以此作为对各责任单位的工作业绩或经济成果进行评价、考核及奖惩的依据。

以上职能并不是孤立的，而是紧密地联系在一起，互相补充和促进，共同发挥着一种综合性功能，即提高企业的经济效益。

二、管理会计的目标

管理会计的目标，是指在一定的经营环境下，通过管理会计实践活动所达到的预期结果。它是管理会计工作的定向机制，也是事后评价管理会计工作绩效的判断标准，以此为基础才能建立起管理会计的原则和方法体系。

管理会计目标的确定需要同时考虑以下两个主要因素：一是社会需要，即需要管理会计干什么；二是实现的可能，即管理会计能够干什么。

管理会计的目标

任何人类活动的目标实际上都是由"需要"转化而来的，管理会计的目标也不例外，它是企业及其管理者做出正确决策，加强内部管理、提高经济效益这一需要在管理会计实践活动中的具体体现。但是，并非这一需要都应该转化为管理会计的目标，或者说全部由管理会计来满足，而是这种需要应该经过管理会计基本特征的"过滤"，或者说能够由管理会计来满足的，才能转化为管理会计目标。因此，管理会计目标是由需要和可能两个因素共同决定的。

美国会计学会(American accounting association，AAA)下设的"管理会计学科委员会"认为，管理会计目标与经理人员的规划职务、管理者控制职务、组织问题的领域及经营的系统管理等相关，具体包括以下辅助目标。

(一) 履行计划管理职能

计划管理职能就是在决策的基础上，将决策目标分解，然后纳入企业一定期间的经营计划。企业经营计划按时间的长短可分为长期计划和短期计划两类，两者均需要管理会计人员的参与，也就是通过编制长期财务预算、短期财务预算与经营计划进行配合。

(二) 履行控制职能

控制职能就是接受企业内外部有关信息，按既定目标和控制标准对企业经营活动进行有效控制，促使企业完成经营计划。管理会计协助履行这一职能，就是正确反映企业各项业务活动的执行信息，及时掌握偏离计划的程度，并对差异产生的原因和责任进行分析。

(三) 履行组织职能

组织职能是企业管理人员根据环境的变化，按照企业目标的要求，在企业内部进行合理的分工与协作，设置适当机构、配备适当人员、授予适当权力，以有效地组织配置和合理利用人、财、物等资源。管理会计主要是通过建立一套有效的信息传递和报告制度、工作业绩考评制度来提高企业的组织效率。

(四) 履行经营管理职能

经营管理职能的核心在于决策，管理会计需向决策者提供与决策相关的会计信息，以利于决策者做出正确的判断。

我国学者认为，管理会计的总目标是为管理者提供有关改善经营管理，提高经济效益和社会需要的决策，具体目标包括确定各项经济目标、合理使用经济资源、调节控制经济活动、评价考核经济业绩4个方面。

第三节　管理会计的基本理论

一、管理会计的基本内容

管理会计的基本内容，是指与管理会计职能相适应的工作内容。根据前述的管理会计职能，可以把管理会计的基本内容大致归纳为两个方面，即"规划与决策会计"和"控制与业绩评价会计"。

管理会计的
基本内容

（一）规划与决策会计

规划与决策会计是管理会计系统中为企业管理者规划未来生产经营活动而服务的子系统，同时也为企业管理者参与决策、预测前景和规划未来提供服务，具体包括以下内容。

1. 经营预测

经营预测，是指利用财务会计信息和其他相关信息，在调查研究和综合判断的基础上，对企业未来一定期间的生产经营活动进行科学的预测分析，主要为投资决策和经营决策提供依据。经营预测一般包括销售预测、成本预测、利润预测和资金预测等。

2. 短期经营决策

短期经营决策是根据企业经营目标，为了有效组织企业日常生产经营活动，合理利用经济资源，获取最佳的经济效益而进行的决策分析，主要为决策者提供可行性方案。短期经营决策一般包括生产决策、存货决策和定价决策等。

3. 长期投资决策

长期投资决策，是指在合理确定预期投资报酬水平、充分考虑资金时间价值和投资风险价值的基础上，为有效组织企业长期的、资本性投资而进行的决策分析，主要为决策者提供可行性方案。长期投资决策一般包括固定资产投资决策、固定资产更新决策和无形资产投资决策等。

4. 全面预算

全面预算，即把通过预测、决策所确定的目标和任务，用数量和表格的形式进行表达和分解。全面预算一般包括业务预算、专门预算和财务预算三大类。

（二）控制与业绩评价会计

控制与业绩评价会计是管理会计系统中为企业管理者分析、评价和控制过去、现在与未来的生产经营活动服务的子系统。其内容包括以下两项。

1. 成本控制

成本控制是根据成本预测、成本预算及标准成本所确定的目标和任务，对生产经营过程中所发生的各项耗费和相应降低成本措施的执行情况进行指导、监督、干预和调节，以完成成本目标和成本预算。

2. 责任会计

责任会计是在分权管理的条件下，为适应责、权、利统一的要求，在企业内部建立若干层次的责任中心，并把由其分工负责的经济活动进行规划、控制、评价的一种控制系统。其一般包括划分责任单位、编制责任预算、办理责任结算、实行责任控制和考评等环节。

应该指出，管理会计上述两个方面的内容并非相互孤立，而是紧密联系的。规划与决策会计阶段所形成的全面预算和责任预算，既是最终工作成果，又是以后阶段控制经济活动的依据，同时也是对责任单位进行业绩考评的标准。责任会计是管理会计两大部分的"结合体"，将两者联系在一起。划分责任单位、编制责任预算等属于决策与规划会计的内容，而日常核算、定期业绩报告、差异分析、实施反馈控制和业绩评价等则属于控制会计的内容。

二、管理会计的一般程序

(一) 企业管理循环

管理会计是为企业管理服务的，因此，要说明管理会计的一般程序，应先明确管理的程序。在企业管理实践中，通常把管理程序分为"规划"和"控制"两大部分，每部分又可具体分成几个步骤，这些步骤周而复始地循环，因此也称为"企业管理循环"，具体包括以下6个步骤。

管理会计的
一般程序

1. 环境判断

管理者的主要任务之一就是正确分析和判断企业所处的内外部环境，充分掌握企业经营活动的基本信息。只有科学、准确地把握企业的环境特征，才能制定正确的企业战略和经营目标。

2. 形成决策

根据环境判断的结果，对企业的经营目标、经营政策和具体措施进行科学的决策，这是管理的核心环节。

3. 合理组织

根据设定的经营目标，通过合理途径将企业的人力、物力、财力、信息、时间和空间等各种资源，以及生产经营活动中的供应、生产、销售、运输等各环节进行有效的组织，力求以最小的劳动消耗和资金占用获得最大的经济效益。

4. 实际执行

根据经营目标、经营计划及合理组织的要求，实施各项经济活动。

5. 监督指导

按照经营目标和经营计划，对实际执行情况进行监督和指导，发现问题应及时解决，以保证预期目标的实现。

6. 衡量业绩

对照经营目标和计划，对各单位、各部门经济活动的业绩进行评价、考核，从效率、效益角度考查经营目标、计划的实现程度。其衡量结果与下一轮的"环境判断"衔接起来，为下一期制定、修订经营目标、计划和措施提供依据。

(二) 管理会计循环

管理会计是管理与会计相结合的产物，直接服务于企业管理。企业管理的一般程序与步骤要求管理会计与之相配合，管理会计的相应程序也就构成了"管理会计循环"，具体包括以下6个步骤。

1. 财务报表分析

财务报表是根据公认会计原则(generally accepted accounting principle，GAAP)，采用统一、规范的语言反映企业一定时点的财务状况和一定时期的经营成果及现金流量情况的报表，一般能够集中、客观地反映企业经济活动的历史信息。这些信息不仅可以满足外部报表使用者了解企业经营情况和财务状况的需要，也可以帮助企业管理者有效地进行企业经营状况和发展能力的分析和判断。

2. 预测、决策和编制全面预算

企业管理往往会面临日常生产经营决策和长期投资决策等问题，管理会计可通过采用多种专门的预测分析和决策分析方法及技术，帮助企业决策者在若干备选方案中进行择优，然后通过编制全面预算把预测、决策过程中确定的目标和任务用表格和数量形式进行反映。

3. 建立责任会计系统

根据企业的性质和特点，在企业内部划分若干责任中心，按照责、权、利相结合的原则和激励约束原理，构建责任会计系统，把全面预算确定的综合指标进行分解，然后落实到各个责任单位，再根据预算标准对责任单位的业绩进行考核和评价。

4. 计量和定期编制业绩报告

采用标准成本制度和变动成本法，对全面预算和责任预算的执行情况进行跟踪计量和记录，定期编制业绩报告。

5. 调节控制经济活动

根据各责任单位编制的业绩报告提供的实际数与预算数进行对比，若发现偏离了原定的目标和要求，应及时反馈给有关责任单位，以便调节和控制其经济活动。

6. 差异分析

根据业绩报告找出偏差发生的原因，并用以评价和考核各责任单位的工作业绩；根据分析，指出业绩与问题，并用以奖优罚劣。同时，还应向企业管理者提出改进建议，以便结合下一轮的财务报表分析，为今后的预测分析、决策分析和预算编制提供依据。

三、管理会计与财务会计的关系

管理会计的特点是指管理会计特有的本质属性，是管理会计区别于其他学科的主要标志。正确认识和把握管理会计的特点，无论是对管理会计的理论建设，还是对管理会计实践的发展，均有重要的意义。一般而言，管理会计的特点可以从与财务会计的区别中表现出来。

管理会计与财务会计的关系

管理会计与财务会计是现代会计的两大分支，分别服务于企业内部管理的需要和外部决策的需要，两者之间既有联系又有区别。

(一) 管理会计与财务会计的联系

从结构关系来考察，管理会计与财务会计都属于现代企业会计的有机组成部分，两者密不可分。在实践中，管理会计所需的许多会计资料都来源于财务会计系统，并对财务会计信息进行深加工和再利用。因此，管理会计不能离开财务会计而独立存在，两者源于同一"母体"，相互依存、制约、补充。同时，两者都处于市场经济条件下的现代企业环境中，共同为企业经营管理服务。两者的相同点主要表现在以下几个方面。

1. 起源相同

管理会计和财务会计都是在传统会计中孕育、发展和分离出来的，作为会计管理的重要组成部分，标志着会计学的发展和完善。

2. 目标相同

管理会计和财务会计共同服务于企业经营管理，其最终目标都是提高企业的经济效益，实现企业价值最大化。

3. 基本信息同源

尽管管理会计所使用的信息广泛多样，但基本信息大都来源于财务会计，有时是直接运用财务会计资料，有时则是对财务会计资料的加工和延伸。

4. 服务对象交叉

虽然管理会计和财务会计的服务对象有内、外之分，但在许多情况下，管理会计的信息可为外部利益集团所利用，财务会计信息对企业内部经营决策也至关重要。

(二) 管理会计与财务会计的区别

1. 职能目标不同

管理会计是规划未来的会计，其职能侧重于对未来的预测、决策和规划，以及对现在的控制、考核和评价，属于经营管理型会计；而财务会计则是反映过去的会计事项，其职能侧重于核算和监督，属于报账型会计。

2. 服务对象不同

管理会计主要向企业内部各管理层提供经营和决策所需的信息，是对内报告会计；而财务会计主要向企业外部各利益关系人提供信息，是对外报告会计。

3. 资料时效不同

管理会计是预计将要发生或评价应当发生的经济活动；而财务会计则反映已经发生的会计事项。

4. 信息特征不同

管理会计提供的经济信息是特定的、部分的和有选择性的；而财务会计提供的经济信息是全面、连续、系统和综合的。

5. 约束条件不同

管理会计不受会计准则、会计制度的制约，其处理方法可以根据企业管理的实际情况和需要确定，具有很大的灵活性；而财务会计必须按照会计准则、会计制度及其他法规的规范进行会计核算与监督，其处理方法只能在允许的范围内选用，灵活性较小。

6. 报告期间不同

管理会计面向未来进行预测、决策，因此其报告的编制不受固定会计期间的限制，而是根据管理的需要编制，反映不同期间经济活动的各种报告，它可以根据自身需要，以日、月、年甚至若干年为期间编制报告；而财务会计面向过去进行核算和监督，反映的是一定期间内的财务状况、经营成果和资金变动情况，应按规定的会计期间编制报告。

7. 会计主体不同

为适应管理的需要，管理会计既要提供反映企业整体情况的资料，又要提供反映企业内部各责任单位经营活动情况的资料，其会计主体是多层次的；而财务会计以企业为会计主体，提供反映整个企业财务状况、经营成果和资金变动的会计资料，通常不以企业内部各部门、各单位为主体提供相关资料。

8. 计算方法不同

由于未来经济活动的复杂性和不确定性，管理会计在进行预测、决策时，要大量应用现代数学方法和计算机技术；而财务会计多采用一般的数学方法进行会计核算。

9. 信息精确程度不同

由于管理会计的工作重点面向未来，未来期间影响经济活动的不确定因素较多，加之管理会计对信息及时性的要求，这就决定了管理会计所提供的信息不可能绝对精确，一般只能相对精确；而财务会计反映已发生或已完成的经济活动，因此其提供的信息应力求精确，数字必须准确。

10. 计量尺度不同

为了适应不同管理活动的需要，管理会计不仅使用货币量度，也大量采用非货币量度，如实物量度、劳动量度、关系量度(如市场占有率、销售增长率)等；为了综合反映企业的全部经济活动，财务会计几乎全部使用货币量度。

本章小结

管理会计的萌芽可以追溯到20世纪初。1952年，美国会计学会年会正式通过了"管理会计"这个名词，标志着管理会计正式形成，于是，传统会计被称为"财务会计"，并产生了现代会计的两大分支，即财务会计和管理会计。尽管管理会计的理论和实践最先起源于西方社会，但迄今为止在西方尚未形成一个统一的管理会计的概念。我国对管理会计的定义为：管理会计是会计的重要分支，主要服务于单位(包括企业和行政事业单位，下同)内部管理需要，是通过利用相关信息，有机融合财务与业务活动，在单位规划、决策控制和评价等方面发挥重要作用的管理活动。管理会计的目标是通过运用管理会计工具方法，参与单位规划、决策、控制、评价活动并为之提供有用信息，推动单位实现战略规划。

依据西方管理科学的发展，可以将管理会计的形成概括为3个阶段：传统管理会计阶段、现代管理会计阶段、战略管理会计阶段。

管理会计的职能可以概括为预测、决策、预算、控制、考评。以上职能并不是孤立的，而是紧密地联系在一起，互相补充和促进，共同发挥着一种综合性功能，即提高企业的经济效益。

美国会计学会(AAA)下设的"管理会计学科委员会"认为，管理会计目标与经理人员的规划职务、管理者的控制职务、组织问题的领域及经营的系统管理等相关，具体包括履行计划管理职能、履行控制职能、履行组织职能、履行经营管理职能。我国学者认为，管理会计的总目标是为管理者提供有关改善经营管理，提高经济效益和社会需要的决策，具体目标包括确定各项经济目标、合理使用经济资源、调节控制经济活动、评价考核经济业绩。

管理会计的基本内容大致归纳为两个方面，即"规划与决策会计"和"控制与业绩评价会计"。

管理会计的一般程序，具体包括以下6个步骤：财务报表分析；预测、决策和编制全面预算；建立责任会计系统；计量和定期编制业绩报告；调节控制经济活动；差异分析。

管理会计与财务会计的相同点主要表现在：起源相同、目标相同、基本信息同源、服务对象交叉。管理会计与财务会计的不同点主要表现在：职能目标不同、服务对象不同、资料时效不同、信息特征不同、约束条件不同、报告期间不同、会计主体不同、计算方法不同、信息精确程度不同、计量尺度不同。

课程思政元素

大数据背景下的管理会计职业道德

1. 教育学生树立诚实守信的品德

利用校园网和移动课堂，组织学生学习新《会计法》《关于加强会计人员诚信建设的指导意见》及《管理会计基本指引》等规定，讲解新会计法、证券法等相关处罚条例，列举中国证券监督管理委员会(以下简称证监会)和法院对不遵守职业道德的会计人员的处罚和刑事责任等。引导学生思考和讨论，要求学生树立诚实守信的品德。

2. 运用案例教学开展职业道德教育

利用国内外会计造假案例，讨论由于会计从业者职业道德的缺失，导致企业操纵利润、粉饰报表等行为对资本市场发展的影响，以及对中小投资者经济利益的损害，以致影响我国社会经济的稳定与发展，来警示会计人员必须讲信用、讲信誉、信守承诺，说明诚信对会计职业的重要性。

3. 选择切入点，融入会计职业道德教育

根据2016年财政部发布的《管理会计基本指引》可知，管理会计教学内容包括成本管理、营运管理、投融资管理、预算管理、绩效管理等。在上述内容的教学活动中，结合思想政治教育的内容体系，选择实施思想政治教育的切入点，合理把握课程教学内容与思政之间的契合点。例如，在投融资管理时，依据大数据资料，利用科学的方法合理预计现金流量，一旦决策失误，将带来重大损失，违反了能力原则；在预算管理部分，管理会计师在根据大数据资料编制收入预算或预计财务报表时，不能由于公司面临一个重大合同或贷款需求而随意对预算数进行调节，否则违反了正直和可信原则；管理会计师主要向企业内部高级管理人员提供会计信息，如果向其他人或相关机构透露企业内部信息，则违反了保密原则。

同步练习

第一节　管理会计概述

一、单项选择题

1. 管理会计的萌芽可以追溯到(　　)。

    A. 19世纪初   B. 19世纪中叶

    C. 20世纪初   D. 20世纪中叶

2. "管理会计"这个名词被会计界认可于(　　)。

    A. 1949年   B. 1952年

    C. 1984年   D. 2008年

3. 管理会计起源于西方的(　　)。

    A. 资金管理   B. 成本管理

    C. 预算管理   D. 绩效管理

4. 管理会计在我国应用的最早领域是(　　)。

    A. 资金管理   B. 成本管理

    C. 预算管理   D. 绩效管理

5. 战略管理会计阶段是从(　　)开始。

    A. 19世纪70年代   B. 19世纪80年代

    C. 20世纪70年代   D. 20世纪80年代

二、多项选择题

1. 现代会计的两大分支，即(　　)。

    A. 财务会计   B. 成本会计

    C. 管理会计   D. 税务会计

2. 目前西方战略管理会计主要关注(　　)领域。

    A. 战略成本分析   B. 目标成本法

    C. 产品生命周期成本法   D. 平衡记分卡

三、判断题

1. 管理会计主要服务于单位内部，所以管理会计也称为内部会计。 (　　)

2. 管理会计只利用财务会计提供的相关信息，进行事前的分析和预测、事中的控制及事后的评价。 (　　)

3. 社会生产力的进步、市场经济的繁荣及其对经营管理的客观要求，是导致管理会计形成与发展的内在原因结果。 (　　)

4. 管理会计只适用于应用环境良好的企业单位。　　　　　　　　　（　　）

第二节　管理会计的职能与目标

一、多项选择题

1. 管理会计的总目标是为管理者提供有关改善经营管理，提高经济效益和社会需要的决策，具体目标包括(　　)。

A. 确定各项经济目标　　　　　　　B. 合理使用经济资源

C. 调节控制经济活动　　　　　　　D. 评价考核经济业绩

2. 管理会计的职能可以概括为(　　)。以上职能并不是孤立的，而是紧密地联系在一起，互相补充和促进，共同发挥着一种综合性功能，即提高企业的经济效益。

A. 预测　　　　　　　　　　　　B. 决策

C. 预算　　　　　　　　　　　　D. 控制

E. 考评

二、判断题

1. 管理会计的服务功能是帮助单位实现向管理要效益。　　　　　（　　）

2. 经营管理的核心在于决策。　　　　　　　　　　　　　　　　（　　）

第三节　管理会计的基本理论

一、多项选择题

1. 管理会计与财务会计的相同点主要表现在(　　)。

A. 起源相同　　　B. 目标相同　　　C. 基本信息同源　　　D. 服务对象交叉

2. 管理会计与财务会计的主要区别有(　　)。

A. 会计主体不同　　　B. 职能目标不同　　　C. 信息特征不同　　　D. 计量尺度不同

二、判断题

1. 管理会计的基本内容大致归纳为两个方面，即"规划与决策会计"和"控制与业绩评价会计"。　　　　　　　　　　　　　　　　　　　　　　　　（　　）

2. 控制与业绩评价会计是管理会计系统中为企业管理者分析、评价和控制过去、现在与未来的生产经营活动服务的子系统。　　　　　　　　　　　　　（　　）

习题参考答案

第二章 成本管理

学习目标

知识目标

熟悉成本的概念，了解成本的不同分类；重点掌握固定成本和变动成本的概念、特征及成本性态的相关知识点；掌握成本管理领域应用的工具方法，如目标成本法、标准成本法、变动成本法和作业成本法。

能力目标

通过学习成本管理领域应用的工具方法，使学生能够了解在不同内外部环境下可选择的成本管理工具方法；通过掌握常用的成本管理工具方法，学会结合企业的具体情况进行熟练地应用。

素质目标

树立节约观念和成本效益观念；培养学生严密的逻辑思维和综合素质；提升自学能力和自我发展能力。

引导案例

"丰田"挺进美国市场

20世纪50年代，日本丰田汽车踏入美国市场，但以失败告终，并且输得很惨。20世纪60年代，面临激烈的市场竞争环境，丰田汽车创造出一种独特的战略性利润和成本管理模式——目标成本管理。经过数十年的研究与发展，目标成本管理已被日本及西方很多国家的企业认可并使用。以丰田为例，1965年，丰田共向美国出口轿车288辆；1975年，超过它的主要竞争对手德国大众汽车公司，居美国小轿车进口商的首位；1980年初，年产量超过300万辆，一跃成为世界第二汽车制造商；1985年，占美国轿车销售市场的20%。

目标成本管理的精髓是：以市场和顾客为导向，以价值工程为基础，以产品设计为重点，从成本产生的源头开始管理，贯穿产品整个生命周期，横跨企业各个职能部门，覆盖整个企业价值链。目标成本法区别于传统的成本核算方法最突出的特点为"市场价格决定成本"，在该方法下，企业把更多的精力放在了成本的事前控制上，而不是等到成本确定后再进行事后的调整与改进。

如今，制造业竞争日趋激烈，市场被进一步瓜分，价格竞争最终演化为产品成本的竞争。丰田汽车的名言——"降低成本、杜绝浪费"依然回荡在日产、东芝、日立、夏普等众多优秀企业中。

思考：

1. 传统的成本管理方法是什么？

2. 目标成本管理的精髓是什么？

3. 目标成本管理对当前市场环境下我国的企业有何启示？

第一节 成本管理认知

成本管理认知

企业为了实现其经营目标，在预测、决策、规划和控制等各个环节都必须对成本进行认真分析和研究。在企业中，生产产品耗费的材料费用、人工费用、生产能力、经营管理水平等众多因素都在一定程度上影响成本的水平。因此，企业为了提高经济效益，在预测、决策、日常控制等各个环节都十分重视对成本的管理与研究。企业应结合自身的成本管理目标和实际情况，在保证产品功能和质量的前提下，选择适合企业的成本管理工具方法或综合应用不同成本管理工具方法，以更好地实现成本管理的目标。综合应用不同成本管理工具方法时，应以各成本管理工具方法具体目标的兼容性、资源的共享性、适用对象的差异性、方法的协调性和互补性为前提，通过综合运用成本管理的工具方法实现企业最大效益。

一、成本管理概述

成本管理，是指企业在营运过程中实施成本预测、成本决策、成本计划、成本控制、成本核算、成本分析和成本考核等一系列管理活动的总称。企业对于成本管理实行全员负责制，要充分动员和组织企业全体人员，在保证产品质量的前提下，对企业生产经营过程的各个环节进行科学合理的管理，力求以最少生产耗费取得最大的生产成果。

(一) 成本管理的职能

1. 成本预测

成本预测是以现有条件为前提，在历史成本资料的基础上，考虑未来可能发生的变化，利用科学的方法，对未来的成本水平及其发展趋势进行描述和判断的成本管理活动。

2. 成本决策

成本决策是在成本预测及有关成本资料的基础上，综合经济效益、质量、效率和规模等指标，运用定性和定量的方法对各个成本方案进行分析，并选择最优方案的成本管理活动。

3. 成本计划

成本计划是以营运计划和有关成本数据、资料为基础，根据成本决策所制定的目标，通过一定的程序，运用一定的方法，针对计划期内企业的生产耗费和成本水平进行的具有约束力的成本筹划管理活动。

4. 成本控制

成本控制是成本管理者根据预定的目标，对成本发生和形成过程及影响成本的各个因素条件施加主动的影响或干预，把实际成本控制在预期目标内的成本管理活动。

5. 成本核算

成本核算是根据成本计算对象，对营运过程中实际发生的各项耗费进行归集、分配和结转，取得不同的成本计算对象的总成本和单位成本，向有关使用者提供成本信息的成本管理活动。

6. 成本分析

成本分析是利用企业核算提供的成本信息及其他有关资料，分析成本水平与构成因素的有关情况，查明影响成本变动的各个因素和产生的原因，并采取有效措施控制成本的成本管理活动。

7. 成本考核

成本考核是对成本计划及其有关指标实际完成情况进行定期总结和评价，并根据考核结果和责任制的落实情况，进行相应的奖励和惩罚，以监督和促进企业加强成本管理责任制，提高成本管理水平的成本管理活动。

(二) 成本管理的原则

企业进行成本管理时，需要遵守以下原则。

1. 融合性原则

成本管理应以企业业务模式为基础，将成本管理嵌入业务的各领域、各层次、各环节，实现成本管理责任到人、控制到位、考核严格、目标落实。

2. 适应性原则

成本管理应与企业生产经营特点和目标相适应，尤其要与企业发展战略或竞争战略相适应。

3. 成本效益原则

成本管理应用相关工具方法时，应权衡其为企业带来的收益和付出的成本，避免获得的收益小于其投入的成本。

4. 重要性原则

成本管理应重点关注对成本具有重大影响的项目，对于不具有重要性的项目可以适当简化处理。

(三) 成本管理的应用环境

(1) 企业应根据其内外部环境选择适合的成本管理工具方法。

(2) 企业应建立健全成本管理的制度体系，一般包括费用申报制度、定额管理制度、责任成本制度等。

(3) 企业应建立健全成本相关原始记录，加强和完善成本数据的收集、记录、传递、汇总和整理工作，确保成本基础信息记录真实、完整。

(4) 企业应加强存货的计量验收管理，建立存货的计量、验收、领退及清查制度。

(5) 企业应充分利用现代信息技术，规范成本管理流程，提高成本管理的效率。

(四) 成本管理的程序

企业应用成本管理工具方法时，一般按照事前成本管理阶段、事中成本管理阶段、事后成本管理阶段等程序进行。

1. 事前成本管理阶段

事前成本管理阶段主要是对未来的成本水平及其发展趋势所进行的预测与规划，一般包括成本预测、成本决策和成本计划等步骤。

2. 事中成本管理阶段

事中成本管理阶段主要是对营运过程中发生的成本进行监督和控制，并根据实际情况对成本预算进行必要的修正，即成本控制。

3. 事后成本管理阶段

事后成本管理阶段主要是在成本发生之后进行的核算、分析和考核，一般包括成本核算、成本分析和成本考核等步骤。

二、成本分类

按照企业管理的不同需求，可以选择不同的标准将成本划分为不同的类型。

(一) 按经济职能分类

按经济职能，成本可划分为制造成本和非制造成本两大类。

1. 制造成本

制造成本又称为生产成本，是指企业在生产经营过程中为制造产品而发生的成本，包括直接材料、直接人工和制造费用。

2. 非制造成本

非制造成本又称为非生产成本或期间费用，是指除生产成本以外的成本，包括销售费用、管理费用和财务费用。

(二) 按实际发生的时态分类

按实际发生的时态，成本可分为历史成本和未来成本两类。

1. 历史成本

历史成本属于过去，时态是已经发生，具体是指前期已经发生或本期刚刚发生的成本，也就是财务会计中的实际成本。

2. 未来成本

未来成本属于未来，时态是尚未发生，具体是指预先测算的成本，又称为预计成本，如估算成本、计划成本、预算成本和目标成本等。未来成本实际上是一种目标成本或控制成本。

(三) 按可控性分类

成本的可控性是指责任单位对其成本的发生是否可以在事前预测并落实责任、在事中施加影响及在事后进行考核。按可控性，成本可分为可控成本和不可控成本。

1. 可控成本

可控成本，是指在特定时间和范围内，由特定部门的主管人员直接确定和掌握的有关成本费用，如审计费、广告费等。

2. 不可控成本

不可控成本，是指某特定部门的主管人员无法直接掌握，或者不受某特定部门的业务活动直接影响的成本费用，如销售部门的挑选整理费。

(四) 按成本性态分类

成本性态，是指成本与业务量之间的相互依存关系。这里的业务量是指企业在一定的生产经营期内投入或完成的经营工作量的统称，可以是生产产品的产量或销售产品的销量，也可以是直接人工小时数或机器工时数。按照成本性态，成本可分为固定成本、变动成本和混合成本。

1. 固定成本

固定成本，是指在一定范围内，其总额不随业务量变动而增减变动，但单位成本随业务量增加而相对减少的成本，如上市公司的审计费用、房屋的租赁费用、建筑物及机器设备的折旧费用等。固定成本根据其是否受管理当局短期决策的影响又可以分为约束性固定成本和酌量性固定成本。

1) 约束性固定成本

约束性固定成本，是形成和维持企业最基本的生产经营能力的成本，也是企业经营业务必须负担的最低成本，由企业根据生产能力确定，一般不受管理者短期决策的影响，如厂房和机器设备的折旧费、管理人员的工资薪金等。企业经营能力一旦形成，约束性固定成本的金额在短期内是不能随意改变的，因而具有很强的约束性。

2) 酌量性固定成本

酌量性固定成本，又称为可调整成本，直接取决于管理者根据企业的经营状况所做出的判断，受管理者短期决策的影响，如新产品的开发费、职工培训费、广告费等。这类成本的发生可以因管理者的决策而做适当的调整，发生额的多少与增强企业的竞争力、扩大企业规模直接相关。

2. 变动成本

变动成本，是指在一定范围内，其总额随业务量的变动发生相应的正比例变动，而单位成本保持不变的成本，如直接材料、直接人工及变动的制造费用。变动成本可以进一步分为技术性变动成本和酌量性变动成本。

1) 技术性变动成本

技术性变动成本，是指单位成本受客观因素决定、消耗量由技术性因素决定的成本。这类成本只能通过技术革新或提高劳动生产率等来降低其单位产品成本。

2) 酌量性变动成本

酌量性变动成本，是指单位成本不受客观因素决定，企业管理者可以改变其数额的成本。这类成本可以通过合理决策、控制开支、降低材料采购成本和优化劳动组合来降低。

3. 混合成本

混合成本，是指其总额随业务量变动但是不成正比例变动的成本，如设备的大修费用、运输费用等。混合成本可以进一步分为半固定成本、半变动成本、延期变动成本和曲线变动成本。

1) 半固定成本

半固定成本又称为阶梯式成本。这类成本的特点是：在一定业务量范围内，其成本总额不会随着业务量的变动而变动，类似固定成本；而当业务量超过了该范围，其发生额就会突然跳跃上升至一个新的水平，并在新的业务量增长的一定范围内保持不变，直到出现另一个新的跳跃为止。

2) 半变动成本

半变动成本又称为标准式混合成本。这类成本的特点是：通常有一个基数且该基数是固定不变的，并且呈现出固定成本性态，而在该基数之上，成本就会随着业务量的增加而成正比例变动，呈现出变动成本性态。

3) 延期变动成本

延期变动成本，是指在一定的业务量范围内，成本总额保持固定不变，但一旦业务量超过了一定范围后，其超额部分的成本就相当于变动成本。

4) 曲线变动成本

曲线变动成本通常有一个初始量，一般保持不变，相当于固定成本。在该初始量的基础上，成本总额会随着业务量的增加呈非线性的增加，在坐标图上表现为一条抛物线。

三、成本性态分析

成本性态分析，是指企业基于成本与业务量之间的关系，运用技术方法，将业务范围内发生的成本分解为固定成本和变动成本的过程。成本函数通常可以用 $y=a+bx$ 表示，其中，y 表示成本总额，a 表示固定成本总额，b 为单位变动成本，x 为业务量。通过成本性态分析，可以揭示成本与业务量之间的关系，从而为应用变动成本法进行本量利分析、预测和决策等奠定基础。混合成本的分解方法主要包括高低点法、回归分析法、账户分析法等，前两种方法需要借助数学方法进行分解。本章重点学习高低点法和回归分析法。

成本性态分析

(一) 高低点法

高低点法，是指企业以过去某一会计期间的总成本和业务量资料为依据，从中选取业务量最高点和业务量最低点，将总成本进行分解，推算出成本中固定成本和变动成本金额的一种方法。由于可以用 $y=a+bx$ 来模拟总成本，所以可以通过最高点和最低点两组资料求出直线方程，将成本分为固定成本和变动成本两部分。高低点法的计算较为简单，但是结果的代表性较差，主要适用于生产经营比较正常，成本变化趋势比较稳定的企业。

高低点法的具体步骤如下。

(1) 在业务量与成本的对应关系中，以业务量为准找出最高点和最低点，即 $(x_{高}, y_{高})$，$(x_{低}, y_{低})$。

(2) 计算单位平均变动成本 b。

$$b = \frac{y_{高} - y_{低}}{x_{高} - x_{低}}$$

(3) 将最高点或最低点坐标和 b 值代入直线方程 $y=a+bx$，计算出固定成本，即 $a=y_{高}-bx_{高}$ 或 $a=y_{低}-bx_{低}$。

(4) 将求得的 a、b 代入直线方程 $y=a+bx$，即得到成本性态分析模型。

【例题2-1】M公司生产的甲产品某年1—6月份的产量及成本如表2-1所示，采用高低点法进行成本性态分析。

表2-1 甲产品某年1—6月份的产量及成本

项目	1月	2月	3月	4月	5月	6月
产量(件)	80	90	85	95	92	100
总成本(元)	16 000	17 820	16 915	18 620	18 124	19 000

$b = (19\ 000 - 16\ 000) \div (100 - 80) = 150$

$a = 19\ 000 - 150 \times 100 = 4000$，或者$a = 16\ 000 - 150 \times 80 = 4000$

$y = 4000 + 150x$

(二) 回归分析法

回归分析法，是指根据过去一定期间的业务量和混合成本的历史资料，应用最小二乘法原理，计算最能代表业务量与混合成本关系的回归直线，借以确定混合成本中固定成本和变动成本的方法。它是在反映业务量与成本之间关系的直线中确定一条直线，使所有已知观测点到该直线距离的平方和最小，故又称为最小平方法。回归分析法的结果较为精确，但计算较为复杂。

回归分析法的具体计算步骤如下。

(1) 对已知资料进行加工，计算$\sum x$、$\sum y$、$\sum xy$、$\sum x^2 x^2$、$\sum y^2 y^2$。

(2) 计算相关系数r，判断x、y之间的线性关系。

$$r = \frac{n\sum xy - \sum x \sum y}{\sqrt{\left[n\sum x^2 - \left(\sum x\right)^2\right]\left[n\sum y^2 - \left(\sum y\right)^2\right]}}$$

相关系数的取值范围为[-1, 1]，则：

当$r=-1$时，说明x、y完全负相关；

当$r=0$时，说明x、y之间不存在线性相关关系；

当$r=1$时，说明x、y完全正相关。

一般来说，只要当r接近1，就说明x、y基本正相关，可以运用回归分析法。

(3) 利用回归分析法公式求出a、b的值。

$$b = \frac{n\sum xy - \sum x \sum y}{n\sum x^2 - \left(\sum x\right)^2}$$

$$a = \frac{\sum x^2 \sum y - \sum x \sum xy}{n\sum x^2 - \left(\sum x\right)^2}$$

(4) 将a、b带入混合成本模型，得到成本性态分析模型。

【例题2-2】资料见【例题2-1】，用回归分析法进行成本性态分析。

列表计算n、$\sum x$、$\sum y$、$\sum xy$、$\sum x^2$、$\sum y^2$，计算结果如表2-2所示。

表2-2 甲产品成本性态分析数据

月份	产量x	总成本y	xy	x^2	y^2
1	80	16 000	1 280 000	6400	256 000 000
2	90	17 820	1 603 800	8100	317 552 400
3	85	16 915	1 437 775	7225	286 117 225
4	95	18 620	1 768 900	9025	346 704 400
5	92	18 124	1 667 408	8464	328 479 376
6	100	19 000	1 900 000	10 000	361 000 000
$n=6$	$\sum x = 542$	$\sum y = 106\,479$	$\sum xy = 9\,657\,883$	$\sum x^2 = 49\,214$	$\sum y^2 = 1\,895\,853\,401$

$$r = \frac{6 \times 9\,657\,883 - 542 \times 106\,479}{\left[6 \times 49\,214 - 542^2\right]\left[6 \times 1\,895\,853\,401 - 106\,479^2\right]} \approx 0.9892$$

因为r比较接近1，所以可以用回归分析法进行分析。

$$b = \frac{6 \times 9\,657\,883 - 542 \times 106\,479}{6 \times 49\,214 - 542^2} = 155.0526$$

$$a = \frac{49\,214 \times 106\,479 - 542 \times 9\,657\,883}{6 \times 49\,214 - 542^2} = 3740.0789$$

$$y = 3740.0789 + 155.0526x$$

第二节 目标成本法

目标成本法

一、目标成本法概述

目标成本法，是指企业以市场为导向，以目标售价和目标利润为基础确定产品的目标成本，从产品设计阶段开始，通过各部门、各环节乃至与供应商的通力合作，共同实现目标成本的成本管理方法。

目标成本法是一种全过程、全方位、全人员的成本管理方法。全过程是指供应链产品从生产到售后服务的一切活动，包括供应商、制造商、分销商在内的各个环节；全方位是指从生产过程管理到后勤保障、质量控制、企业战略、员工培训、财务监督等企业内部各职能部门各方面的工作，以及企业竞争环境的评估、内外部价值链、供应链管理、知识管理等；全人员是指从高层经理人员到中层管理人员、基层服务人员、一线生产员工。目标成本法在作业成本法的基础上来考察作业的效率、人员的业绩、产品的成本，弄清楚每一项资源的来龙去脉，每一项作业对整体目标的贡献。

总之，传统成本法局限于事后的成本反映，而没有对成本形成的全过程进行监控；作业成本法局限于对现有作业的成本监控，没有将供应链的作业环节与客户的需求紧密结合。而目标成本法则保证供应链成员企业的产品以特定的功能、成本及质量生产，然后以特定的价格销售，并获得令人满意的利润。

二、目标成本法的应用环境

企业应以创造和提升客户价值为前提，以成本降低或成本优化为主要手段，谋求竞争中的成本优势，保证目标利润的实现。企业在应用目标成本法时，要求处于比较成熟的买方市场环境，并且产品的设计、性能、质量、价值等呈现出较为明显的多样化特征。另外，企业应成立由研究与开发、工程、供应、生产、营销、财务、信息等有关部门组成的跨部门团队，负责目标成本的制定、计划、分解、下达和考核，并建立相应的工作机制，有效协调有关部门之间的分工与合作。最重要的是，企业能及时、准确地取得目标成本计算所需的产品售价、成本、利润及性能、质量、工艺、流程、技术等方面的各类财务和非财务信息。

三、目标成本法的实施原则

(一) 价格引导的成本管理

目标成本管理体系通过竞争性的市场价格减去期望利润来确定成本目标，价格通常由市场上的竞争情况决定，而目标利润则由公司及其所在行业的财务状况决定。

(二) 关注顾客

目标成本管理体系由市场驱动，顾客对质量、成本、时间的要求在产品及流程设计决策中应同时考虑，并以此引导成本分析。

(三) 关注产品与流程设计

在设计阶段投入更多的时间，消除既昂贵又费时的暂时不必要的改动，可以缩短产品投放市场的时间。

(四) 跨职能合作

目标成本管理体系下，产品与流程团队由来自各个职能部门的成员组成，包括设计与制造部门、生产部门、销售部门、原材料采购部门、成本会计部门等。跨职能团队要对整个产品负责，而不是各职能各司其职。

(五) 生命周期成本削减

目标成本管理关注产品整个生命周期的成本，包括购买价格、使用成本、维护与修理成本及处置成本。它的目标是生产者和联合双方的产品生命周期成本最小化。

(六) 价值链参与

目标成本管理过程有赖于价值链上全部成员的参与，包括供应商、批发商、零售商及服务提供商。

四、目标成本法的应用程序

目标成本法是一种以市场为导向、对有独立的制造过程的产品进行利润计划和成本管理的方法。目标成本法改变了成本管理的出发点，即从生产现场转移到产品设计与规划上，从源头抓起，具有大幅度降低成本的功效。

(一) 确定应用对象

企业应根据目标成本法的应用目标及其应用环境和条件，综合考虑产品的产销量和盈利能力等因素，确定应用对象。一般来说，企业应将拟开发的新产品作为目标成本法的应用对象，或者选择功能与设计存在较大的弹性空间、产销量较大且处于亏损状态或盈利水平较低、对企业经营业绩具有重大影响的老产品作为目标成本法的应用对象。

(二) 成立跨部门团队

企业采用目标成本法时应成立一个管理水平较高的跨部门团队，在该团队下成立成本规划、成本设计、成本确认、成本实施等小组。各小组根据管理层授权协同合作完成相关工作。

(1) 成本规划小组由业务及财务人员组成，负责设定目标利润，制定新产品开发或老产品改进方针，考虑目标成本等。该小组的职责主要是收集相关信息、计算市场驱动产品成本等。

(2) 成本设计小组由技术及财务人员组成，负责确定产品的技术性能、规格，以及对比各种成本因素、考虑价值工程、进行设计图上成本降低或成本优化的预演等。该小组的职责主要是成本的设定和分解等。

(3) 成本确认小组由有关部门负责人、技术及财务人员组成，负责分析设计方案或试制品评价的结果，确认目标成本，进行生产准备、设备投资等。该小组的职责主要是可实现目标成本设定与分解的评价和确认等。

(4) 成本实施小组由有关部门负责人及财务人员组成，负责确认实现成本策划的各种措施，分析成本控制中出现的差异，并提出对策，对整个生产过程进行分析、评价等。该小组的职责主要是落实目标成本责任、考核成本管理业绩等。

(三) 收集相关信息

目标成本法的应用需要企业研究与开发、工程、供应、生产、营销、财务和信息等部门收集与应用对象相关的信息，包括以下几项。

(1) 产品成本构成及料、工、费等财务和非财务信息。

(2) 产品功能及其设计、生产流程与工艺等技术信息。

(3) 材料的主要供应商、供求状况、市场价格及其变动趋势等信息。

(4) 产品的主要消费者群体、分销方式和渠道、市场价格及其变动趋势等信息。

(5) 本企业及同行业标杆企业产品盈利水平等信息。

(6) 其他相关信息。

(四) 目标成本的相关计算

1. 计算市场容许成本

市场容许成本的计算公式如下。

$$市场容许成本 = 目标售价 - 目标利润$$

目标售价设定应考虑客户要求、可接受的产品价值，以及竞争产品的预期相对功能与售价和企业针对该产品的战略目标等因素。

目标利润的设定应综合考虑利润预期、历史数据、竞争地位分析等因素。

【例题2-3】M公司生产甲产品，其市场目标售价为200元，目标利润为35元，则其市场容许成本是多少？

甲产品的市场容许成本 = 200 - 35 = 165(元)

2. 确定可实现的目标成本

企业应将容许成本与新产品设计成本或老产品当前成本进行比较，确定差异及成因，设定可实现的目标成本。企业一般采取价值工程、拆装分析、流程再造、全面质量管理、供应链全程成本管理等措施和手段，寻求消除当前成本或设计成本偏离容许成本的措施，使容许成本转化为可实现的目标成本。

【例题2-4】接上例，M公司甲产品当前的单位产品成本为170元，高于当前的市场容许成本，为了使产品的成本达到产品的可实现目标成本，必须要在目前成本的基础上降低5元。

经过分析，公司采用一种新型生产工艺，能减少人工成本，单位产品的人工成本可降低3元，目前甲产品的单位成本降低到了167元，但还是高于市场容许成本。

3. 确定零部件级目标成本

企业应按主要功能对可实现的目标成本进行分解，确定产品所包含的每一零部件的目标成本。在分解时，首先应确定主要功能的目标成本，然后寻求实现这种功能的方法，并把主要功能和主要功能级的目标成本分配给零部件，形成零部件级目标成本。同时，企业应将零部件级目标成本转化为供应商的目标售价。

【例题2-5】接上例，M公司甲产品当前的单位产品成本为167元，还是高于当前的市场容许成本。M公司着眼于零部件供应商，通过与零部件供应商的谈判，成功地将甲产品的单位零部件采购价格降低了2元，将公司的成本压力部分转移到了供应商。

至此，M公司甲产品的单位成本降低为165元。

(五) 目标成本的分解与落实

企业应将设定的可容许成本、可实现的目标成本、零部件的目标成本和供应商目标售价进一步量化为可控制的财务和非财务指标，落实到各责任中心，形成各责任中心的责任成本和成本控制标准，并辅之以相应的权限，将达成的可实现目标成本落到实处。

(六) 目标成本的考核及改善

企业应依据各责任中心的责任成本和成本控制标准，按照业绩考核制度和办法，定期进行成本管理业绩的考核与评价，为各责任中心和人员的激励奠定基础。另外，企业应定期将产品实际成本与设定的可实现目标成本进行对比，确定其差异及性质，分析差异的成因，提出消除各种重要不利差异的可行途径和措施，进行可实现目标成本的重新设定、再达成，推动成本管理的持续优化。

五、目标成本法的优缺点

(一) 目标成本法的优点

(1) 突出从原材料到产品出货全过程的成本管理，有助于提高成本管理的效率和效果。

(2) 强调产品寿命周期成本的全过程和全员管理，有助于提高客户价值和产品市场竞争力。

(3) 谋求成本规划和利润规划活动的有机统一，有助于提高产品的综合竞争力。

(二) 目标成本法的缺点

目标成本法的运用不仅要求企业具有各类所需要的人才，更需要各有关部门和人员的通力合作，企业的管理水平要求高。

第三节　标准成本法

一、标准成本法概述

标准成本是早期管理会计的主要支柱之一。在美国，为了提高工人的劳动生产率，很多管理者开始探索，逐步改革了工资制度和成本计算方法，以预先设定的科学标准为基础，发展奖励计件工资制度，采用标准人工成本的概念。在此之后，又把标准人工成本概念引申到标准材料成本和标准制造费用等。最初的标准成本是独立于会计系统之外的一种计算工作。1919年美国全国成本会计师协会成立，对推广标准成本起了很大的作用。1920—1930年，美国会计学界经过长期争论，才把标准成本纳入会计系统，从此出现了真正的标准成本会计制度。

(一) 标准成本法定义

标准成本法，是指企业以预先制定的标准成本为基础，通过比较标准成本与实际成本，计算和分析成本差异，揭示成本差异动因，进而实施成本控制、评价经营业绩的一种成本管理方法，也是加强成本控制、评价经济业绩的一种成本控制制度。它的核心是按标准成本记录和反映产品成本的形成过程和结果，并借以实现对成本的控制。企业应用标准成本法的主要目标，是通过标准成本与实际成本的比较，揭示与分析标准成本与实际成本之间的差异，并按照例外管理的原则，对不利差异予以纠正，以提高工作效率，不断改善产品成本。标准成本法一般适用于产品及其生产条件相对稳定，或者生产流程与工艺标准化程度较高的企业。

(二) 标准成本应用环境

(1) 企业应用标准成本法，要求处于较稳定的外部市场经营环境，并且市场对产品的需求相对平稳。

(2) 企业应成立由采购、生产、技术、营销、财务、人力资源、信息等有关部门组成的跨部门团队，负责标准成本的制定、分解、下达、分析等。

(3) 企业能够及时、准确地取得标准成本制定所需要的各种财务和非财务信息。

(三) 标准成本分类

1. 理想的标准成本

理想的标准成本也称为"最高标准成本""理论标准成本""完善标准成本"，是企业在现有的生产技术、生产设备能力和经营管理条件下，用最佳的、最理想的经营水平所确定的产品标准成本。例如，它要求直接材料的消耗量以理论依据的收入率、产出率作为消耗标准，在直接人工工时消耗方面，以最理想的操作方法和工时的利用率作为确定标准人工成本的依据；在制造费用方面，要避免一切不必要的支出，以使单位产品负担的制造费用最低，以及要求企业经营管理水平尽善尽美等。理想标准成本在理论上能讲得通，但实际上很难达到，它只能给企业指出努力的方向或奋斗的目标，而不能作为成本控制和正确评价实际工作的标准，因而这种标准很少被采用。

2. 历史的标准成本

历史的标准成本是根据企业过去一段时间实际成本的平均值，剔除生产经营过程中的异常因素，并结合未来的变动趋势而制定的标准成本。历史的标准成本代表以前的实际平均成本水平，是不需再经努力已经达到的标准。在经济形势保持稳定的情况下，可以使用历史的标准成本，但是随着科学技术的快速发展，劳动生产率的不断提高，原有的历史成本将逐渐过时，难以在成本管理中发挥应有的作用。

3. 现实的标准成本

现实的标准成本也称为"现行可能达到的标准成本"，是指以现在预计可能实现的生产水平，以及通过努力能够达到的作业效率为依据而制定的标准成本。由于它对现实条件下暂时还难以消除的损耗、废品及对设备、劳动力利用不充分的状况都做了适当的考虑，所以这种标准成本既不是高不可攀的，也不是轻而易举就能实现的，在这种现实标准成本的推动下，企业的各项管理工作将会得到加强与改善，不断提高效率，减少损失浪费，因而被广泛采用。

二、标准成本的制定

标准成本，是指在正常的生产技术水平和有效的经营管理条件下，企业经过努力应达到的产品成本水平。单位产品的标准成本可以分解为直接材料标准成本、直接人工标准成本、制造费用标准成本三部分。每一成本项目的标准成本应分为用量标准(包括单位产品消耗量、单位产品人工小时等)和价格标准(包括原材料单价、小时工资率、小时制造费用分配率等)。

标准成本的制定

(一) 直接材料标准成本

直接材料标准成本，是指直接用于产品生产的材料的标准成本，包括标准用量和标准单价两个方面。

1. 直接材料的标准用量

制定直接材料的标准用量时，需要根据产品的图纸等技术文件进行产品研究，列出所需的各种材料及可能的替代材料，并说明这些材料的种类、质量及库存情况，还需要在对过去用料经验记录进行分析的基础上，采用过去用料的平均值、最高与最低值的平均数、最节省数量、实际测定数据或技术分析数据等，科学地制定标准用量。

2. 直接材料的标准单价

制定直接材料的标准单价时，一般由采购部门负责，会同财务、生产、信息等部门，在考虑市场环境及其变化趋势、订货价格及最佳采购批量等因素的基础上综合确定。

$$直接材料标准成本=单位产品的标准用量×材料的标准单价$$

【例题2-6】M公司生产甲产品，需要消耗A材料和B材料，直接材料消耗的标准定额和标准价格如表2-3所示。

表2-3 甲产品的单位材料标准成本

项目	价格标准	用量标准	标准成本
A材料	20元/千克	10千克	200元
B材料	30元/千克	5千克	150元

根据公式，甲产品的直接材料标准成本=20×10+30×5=350(元)。

(二) 直接人工标准成本

直接人工标准成本，是指直接用于产品生产的人工成本标准，包括标准工时和标准工资率。

1. 直接人工的标准工时

直接人工的标准工时一般由生产部门负责，会同技术、财务、信息等部门，在对产品生产所需作业、工序、流程工时进行技术测定的基础上，考虑正常的工作间隙，并适当考虑生产条件的变化、生产工序、操作技术的改善，以及相关工作人员主观能动性的充分发挥等因素，合理确定单位产品的工时标准。

2. 直接人工的标准工资率

直接人工的标准工资率一般由人力资源部门负责，根据企业薪酬制度等制定。

$$直接人工标准成本=单位产品的标准工时×小时标准工资率$$

【例题2-7】M公司生产甲产品，直接人工消耗的标准定额和小时标准工资率如表2-4所示。

表2-4 甲产品的单位人工标准成本

项目	价格标准	用量标准	标准成本
直接人工	10元/小时	3小时	30元

根据公式，甲产品的直接人工标准成本＝10×3＝30(元)。

(三) 制造费用标准成本

制造费用标准成本又分为变动制造费用标准成本和固定制造费用标准成本。

1. 变动制造费用标准成本

变动制造费用，是指通常随产量变化而成正比例变化的制造费用。变动制造费用项目的标准成本根据标准用量和标准价格确定。

变动制造费用的标准用量可以是单位产量的燃料、动力、辅助材料等标准用量，也可以是产品的直接人工标准工时，或者是单位产品的标准机器工时。标准用量的选择需考虑用量与成本的相关性，制定方法与直接材料的标准用量及直接人工的标准工时类似。变动制造费用的标准价格可以是燃料、动力、辅助材料等标准价格，也可以是小时标准工资率等。制定方法与直接材料的价格标准及直接人工的标准工资率类似。

变动制造费用项目标准成本＝变动制造费用项目标准用量×项目标准价格

【例题2-8】M公司生产甲产品，变动制造费用消耗的标准定额和标准价格如表2-5所示。

表2-5 甲产品的单位变动制造费用标准成本

项目	价格标准	用量标准	标准成本
变动制造费用	5元/小时	3小时	15元

根据公式，甲产品的变动制造费用标准成本＝5×3＝15(元)。

2. 固定制造费用标准成本

固定制造费用，是指在一定产量范围内，其费用总额不会随产量变化而变化，始终保持固定不变的制造费用。固定制造费用一般按照费用的构成项目实行总量控制。

三、标准成本的差异分析

标准成本差异，是指实际成本与相应标准成本之间的差额。当实际成本高于标准成本时，形成超支差异；当实际成本低于标准成本时，形成节约差异。成本差异的计算与分析一般按成本或费用项目进行。标准成本差异的种类包括直接材料成本差异、直接人工成本差异和制造费用成本差异3种。

标准成本的
差异分析

（一）直接材料成本差异分析

直接材料成本差异，是指直接材料实际成本与标准成本之间的差额，该项差异可分解为直接材料价格差异和直接材料数量差异。材料价格差异是在采购过程中形成的，如供应厂家价格变动、未按经济采购批量进货、未能及时订货造成的紧急订货、采购时舍近求远使运费和途耗增加、不必要的快速运输方式、违反合同被罚款、承接紧急订货造成额外采购等都会导致实际单价与标准单价不一致。材料数量差异是在材料耗用过程中形成的，如操作疏忽造成废品和废料增加、工人用料不精心、操作技术改进而节省材料、新工人上岗造成多用料、机器或工具不适用造成用料增加、购入材料质量低劣等都会导致实际耗用与标准耗用不同。

直接材料成本差异＝实际成本－实际产量下的标准成本
　　　　　　　　　＝实际耗用量×实际单价－实际产量下的标准耗用量×标准单价
　　　　　　　　　＝直接材料价格差异＋直接材料数量差异

1. 直接材料价格差异

直接材料价格差异，是指在采购过程中，直接材料实际价格偏离标准价格所形成的差异。

直接材料价格差异＝实际耗用量×(实际单价－标准单价)
　　　　　　　　　＝实际耗用量×实际单价－实际耗用量×标准单价

2. 直接材料数量差异

直接材料数量差异，是指在产品生产过程中，直接材料实际消耗量偏离标准消耗量所形成的差异。

直接材料数量差异＝(实际耗用量－实际产量下的标准耗用量)×标准单价
　　　　　　　　　＝实际耗用量×标准单价－实际产量下的标准耗用量×标准单价

【例题2-9】M公司生产甲产品，当月实际生产125件，实际耗用A材料500千克，其实际单价是36元/千克；实际耗用B材料450千克，其实际单价是64元/千克，该产品的单位材料标准成本如表2-6所示。

表2-6 甲产品的单位材料标准成本

项目	价格标准	用量标准	标准成本
A材料	20元/千克	10千克	200元
B材料	30元/千克	5千克	150元

要求：计算并分析该产品的直接材料成本差异。

A材料成本差异$=36 \times 500 - 200 \times 125 = -7000$(元)

其中：A材料价格差异$=(36-20) \times 500 = 8000$(元)

A材料数量差异$=20 \times (500 - 10 \times 125) = -15\,000$(元)

B材料成本差异$=64 \times 450 - 150 \times 125 = 10\,050$(元)

其中：B材料价格差异$=(64-30) \times 450 = 15\,300$(元)

B材料数量差异$=30 \times (450 - 5 \times 125) = -5250$(元)

甲产品的直接材料成本差异$=-7000 + 10\,050 = 3050$(元)

从上面的案例可以知道，由于材料价格方面的原因使A材料和B材料的材料成本上升23 300元，由于材料用量方面的原因使材料成本下降了20 250，两方面的原因使材料成本一共上升3050元。

(二) 直接人工成本差异分析

直接人工成本差异，是指直接人工实际成本与标准成本之间的差额，该差异可分解为工资率差异和人工效率差异。直接生产工人升级或降级使用、奖励制度未产生实效、工资率调整、加班或使用临时工及出勤率变化等都会导致实际工资率和标准工资率存在差异。工作环境不良、工人经验不足、劳动情绪不佳、新工人上岗太多、机器或工具选用不当、设备故障较多、作业计划安排不当及产量太少无法发挥批量节约优势等都会导致实际人工效率和标准人工效率存在差异。

直接人工成本差异＝实际成本－实际产量下的标准成本

＝实际工时×实际工资率－实际产量下的标准工时×标准工资率

＝直接人工工资率差异＋直接人工效率差异

1. 直接人工工资率差异

直接人工工资率差异，是指实际工资率偏离标准工资率形成的差异。在计算直接人工工资率差异时，要按实际总工时计算确定。

直接人工工资率差异＝实际工时×(实际工资率－标准工资率)

＝实际工时×实际工资率－实际工时×标准工资率

2. 直接人工效率差异

直接人工效率差异，是指实际工时偏离标准工时形成的差异。在计算直接人工效率差异时，要按标准工资率计算确定。

$$直接人工效率差异＝(实际工时－实际产量下的标准工时)×标准工资率$$
$$＝实际工时×标准工资率－实际产量下的标准工时×标准工资率$$

【例题2-10】M公司生产甲产品，当月实际生产用产品125件，实际耗用的人工小时数为390，实际发生的直接人工成本是4095元，该产品的单位人工标准成本如表2-7所示。

表2-7 甲产品的单位人工标准成本

项目	价格标准	用量标准	标准成本
直接人工	10元/小时	3小时	30元

要求：计算并分析该产品的直接人工成本差异。

实际人工价格＝4095÷390＝10.5(元/小时)

直接人工成本差异＝4095-30×125＝345(元)

其中：直接人工工资率差异＝(10.5－10)×390＝195(元)

直接人工效率差异＝10×(390-3×125)＝150(元)

以上计算结果表明，甲产品直接人工成本形成了345元的有利差异。

从上面的案例可以知道，由于人工工资率的原因导致人工成本上升195元，由于人工效率方面的原因导致人工成本上升150元，两方面的原因使人工成本一共上升345元。

(三) 制造费用成本差异分析

制造费用成本差异，是指实际制造费用与标准制造费用之间的差额，分为变动制造费用成本差异和固定制造费用成本差异。

1. 变动制造费用成本差异

变动制造费用成本差异，是指变动制造费用项目的实际发生额与变动制造费用项目的标准成本之间的差额，该差异可分解为变动制造费用项目的价格差异和数量差异。变动制造费用包括变动制造费用价格差异和变动制造费用数量差异两个部分，与直接材料、直接人工不同，变动制造费用由各个明细费用科目组成。在实际分析中，如果存在变动制造费用差异，要进一步做详细分析，明确产生差异的项目，追究该项目负责部门的相关责任。

$$变动制造费用成本差异＝实际成本－实际产量下的标准成本$$
$$＝实际工时×实际分配率－实际产量下的标准工时×标准分配率$$
$$＝变动制造费用价格差异＋变动制造费用数量差异$$

1) 变动制造费用价格差异

变动制造费用价格差异，是指燃料、动力、辅助材料等变动制造费用项目的实际价格偏离标准价格的差异。

$$变动制造费用价格差异=实际工时×(实际分配率-标准分配率)$$
$$=实际工时×实际分配率-实际工时×标准分配率$$

2) 变动制造费用数量差异

变动制造费用数量差异，是指燃料、动力、辅助材料等变动制造费用项目的实际消耗量偏离标准用量的差异。

$$变动制造费用数量差异=(实际工时-实际产量下的标准工时)×标准分配率$$
$$=实际工时×标准分配率-实际产量下的标准工时×标准分配率$$

2. 固定制造费用成本差异

固定制造费用成本差异，是指固定制造费用项目实际成本与标准成本之间的差额。

$$固定制造费用成本差异=固定制造费用实际成本-固定制造费用标准成本$$

【例题2-11】M公司生产甲产品，当月实际生产用产品125件，实际耗用的机器小时数是400，实际工时变动制造费用分配率是6元/小时，该产品的单位变动制造费用标准成本如表2-8所示。

表2-8　甲产品的单位变动制造费用标准成本

项目	价格标准	用量标准	标准成本
变动制造费用	5元/小时	3小时	15元

要求：计算并分析该产品的变动制造费用成本差异。

变动制造费用成本差异$=6×400-15×125=525$(元)

其中：变动制造费用价格差异$=(6-5)×400=400$(元)

变动制造费用数量差异$=5×(400-3×125)=125$(元)

以上计算结果表明，甲产品变动制造费用形成了525元的有利差异。

四、成本差异的账务处理

在标准成本法下，企业的存货按照标准成本入账，如果实际成本与标准成本不相等，则会形成差异，称为标准成本差异。标准成本差异，是指实际成本与相应标准成本之间的差额，当实际成本高于标准成本时，形成超支差异；当实际成本低于标准成本时，形成节约差异。

(一) 账户设置

设置的成本差异账户包括直接材料数量差异、直接材料价格差异、直接人工效率差异、直接人工工资率差异、变动制造费用数量差异、变动制造费用价格差异和固定制造费用成本差异7个科目。

(二) 成本差异分录处理

1. 直接材料成本差异分录处理

借：生产成本(标准成本)

　　直接材料价格差异(超支差在借方，节约差在贷方)

　　直接材料数量差异(超支差在借方，节约差在贷方)

　　贷：原材料(实际成本)

2. 直接人工成本差异分录处理

借：生产成本(标准成本)

　　直接人工工资率差异(超支差在借方，节约差在贷方)

　　直接人工效率差异(超支差在借方，节约差在贷方)

　　贷：应付职工薪酬(实际成本)

3. 变动制造费用成本差异分录处理

借：生产成本(标准成本)

　　变动制造费用价格差异(超支差在借方，节约差在贷方)

　　变动制造费用数量差异(超支差在借方，节约差在贷方)

　　贷：制造费用(变动制造费用的实际成本)

4. 固定制造费用成本差异分录处理

借：生产成本(标准成本)

　　固定制造费用成本差异(超支差在借方，节约差在贷方)

　　贷：制造费用(固定制造费用的实际成本)

(三) 期末成本差异处理

期末成本差异处理可分为以下两种情况。

1. 期末差异金额较小

如果期末差异金额较小，可以将各差异账户余额全部转入"主营业务成本"账户，由本期收入补偿，反映当期业绩。采用这种方法的依据是确信该标准成本是真正的正常成本，成本差异是不正常的低效率和浪费造成的，应该体现在当期损益中。

2. 期末差异金额较大

如果期末差异金额较大，则将各差异金额按照比例，根据期末入库和销售情况，在期末存货和当期销售成本之间进行分配，由已销产品承担的差异转入当期损益，由存货承担的部分仍然留在差异账户。

五、标准成本的优缺点

(一) 标准成本的优点

(1) 能及时反馈各成本项目不同性质的差异，有利于考核相关部门及人员的业绩。

(2) 标准成本的制定及其差异和动因的信息可以使企业预算的编制更为科学和可行，有助于企业的经营决策。

(二) 标准成本的缺点

(1) 要求企业产品的成本标准比较准确、稳定，在使用条件上存在一定的局限性。

(2) 对标准管理水平较高，系统维护成本较高。

(3) 标准成本需要根据市场价格波动频繁更新，导致成本差异缺乏可靠性，降低成本控制效果。

第四节　变动成本法

一、变动成本法概述

(一) 变动成本法定义

变动成本法，是指企业以成本性态分析为前提条件，仅将生产过程中消耗的变动生产成本作为产品成本的构成内容，而将固定生产成本和非生产成本作为期间成本，直接由当期收益予以补偿的一种成本管理方法。

成本性态，是指成本与业务量之间的相互依存关系。按照成本性态，成本可划分为固定成本、变动成本和混合成本。固定成本，是指在一定范围内，其总额不随业务量变动而增减变动，但单位成本随业务量增加而相对减少的成本。变动成本，是指在一定范围内，其总额随业务量变动发生相应的正比例变动，而单位成本保持不变的成本。混合成本，是指总额随业务量变动但不成正比例变动的成本。

(二) 变动成本法适用范围

变动成本法通常用于分析各种产品的盈利能力，为正确制定经营决策及科学地进行成本计划、成本控制和成本评价与考核等工作提供有用信息。变动成本法一般适用于同时具备以下特征的企业。

(1) 企业固定成本比重较大，当产品更新换代的速度较快时，分摊计入产品成本中的固定成本比重大，采用变动成本法可以正确反映产品盈利状况。

(2) 企业规模大，产品或服务的种类多，固定成本分摊存在较大困难。

(3) 企业作业保持相对稳定。

(三) 变动成本法的应用环境

(1) 企业采用变动成本法时，一般是处于市场竞争环境激烈，需要频繁进行短期经营决策，或者市场相对稳定，产品差异化程度不大，以利于企业进行价格等短期决策等情况。

(2) 企业应保证成本基础信息记录完整，财务会计核算基础工作完善。

(3) 企业应建立较好的成本性态分析基础，具有划分固定成本与变动成本的科学标准，以及划分标准的使用流程与规范。

(4) 企业能够及时、全面、准确地收集与提供有关产量、成本、利润及成本性态等方面的信息。

二、变动成本法与完全成本法的区别

变动成本法与完全成本法的区别主要有以下几方面。

(一) 前提条件不同

变动成本法以成本性态分析为前提条件，使用变动成本法时必须将企业的全部成本进行分类，划分为变动成本和固定成本两大部分。对于具有混合成本性质的制造费用、管理费用、销售费用和财务费用等，则直接分析确认或按其相关业务量分解为变动成本和固定成本。

变动成本法与完全成本法的区别

完全成本法以成本按经济用途的分类为前提条件，把企业全部成本划分为生产成本和非生产成本。在产品生产制造过程中所发生的有关耗费属于生产成本，在产品销售过程和行政管理方面所发生的有关耗费属于非生产成本。

(二) 产品成本构成不同

在变动成本法下，为加强短期经营决策，按照成本性态，企业的生产成本可分为变动生产成本和固定生产成本，非生产成本可分为变动非生产成本和固定非生产成本。其中，只有变动生产成本才构成产品成本，其随产品实体的流动而流动，随产量变动而变动。总体来说，变动成本法下，产品成本由直接材料、直接人工和变动制造费用3项构成，固定生产成本(即固定制造费用)和非生产成本作为期间成本处理。

完全成本法下，产品成本的内容包括全部生产成本，由直接材料、直接人工和全部制造费用3项构成，只把非生产成本作为期间成本处理。

【例题2-12】M公司产销甲产品，当年年初无存货，全年产量1000件，销售了500件，期末存货量为500件，每件售价200元，当期发生的成本构成资料如表2-9所示。

变动成本法例题

表2-9 甲产品成本构成资料

费用项目	金额	费用项目	金额
直接材料	30 000	固定制造费用	50 000
直接人工	40 000	变动管理费用	1000
变动制造费用	10 000	固定管理费用	2000

要求：根据上述资料分别计算两种成本计算法下的产品总成本和单位产品成本。

在变动成本法下：

当期产品总成本＝直接材料＋直接人工＋变动制造费用

$$=30\,000+40\,000+10\,000=80\,000(元)$$

单位产品成本＝当期产品总成本÷产量＝80 000÷1000＝80(元/件)

在完全成本法下：

当期产品总成本＝直接材料＋直接人工＋变动制造费用＋固定制造费用

$$=30\,000+40\,000+10\,000+50\,000=130\,000(元)$$

单位产品成本＝当期产品总成本÷产量＝130 000÷1000＝130(元/件)

(三) 营业利润的计算程序不同

变动成本法以成本性态分析为前提，首先用销售收入补偿变动成本，计算出边际贡献，然后再用边际贡献补偿固定成本来确定当期营业利润，称为"贡献式"损益确定程序。在完全成本法下，确定损益应按照传统式损益确定程序进行，首先用销售收入扣减已销产品的销售成本，从而确定销售毛利，然后再利用销售毛利抵减非生产成本(期间成本)计算出营业利润，称为"职能式"利润表。

1. 变动成本法营业利润的计算

边际贡献总额＝销售收入－变动成本

销售收入＝销售量×销售单价

变动成本＝变动生产成本＋变动非生产成本

＝销售量×单位产品变动成本＋销售量×单位变动性非生产成本

营业利润＝边际贡献总额－固定成本

固定成本＝固定生产成本＋固定非生产成本

2. 完全成本法营业利润的计算

销售毛利＝销售收入－销售成本

销售收入＝销售量×销售单价

销售成本＝销售量×单位产品成本

＝期初存货成本＋本期完工入库成本－期末存货成本

营业利润＝销售毛利－期间费用

期间费用＝管理费用＋销售费用＋财务费用

【例题2-13】M公司产销乙产品，近3年的产销量如表2-10所示。

表2-10　乙产品近3年的产销量

项目	第1年	第2年	第3年
期初存货量	0	0	4000
本年生产量	10 000	10 000	10 000
本年销售量	10 000	6000	14 000
期末存货量	0	4000	0

乙产品的单位变动生产成本为20元/件，单位变动非生产成本为5元/件，固定生产成本为50 000元，固定非生产成本为20 000元，产品单价为50元/件，产品的发出采用先进先出法。

要求：根据上述资料分别计算两种成本计算法下M公司3年的营业利润，并分析两种方法下营业利润存在差异的原因。

在变动成本法下的利润表如表2-11所示。

表2-11　变动成本法下的利润表

项目	第1年	第2年	第3年
销售收入	500 000	300 000	700 000
变动成本	250 000	150 000	350 000
变动生产成本	200 000	120 000	280 000
变动非生产成本	50 000	30 000	70 000
边际贡献总额	250 000	150 000	350 000
固定成本	70 000	70 000	70 000
固定生产成本	50 000	50 000	50 000
固定非生产成本	20 000	20 000	20 000
营业利润	180 000	80 000	280 000

每年产品的生产总成本=20×10 000+50 000=250 000(元)

单位产品成本=生产总成本÷产量=250 000÷10 000=25(元/件)

在完全成本法下的利润表如表2-12所示。

表2-12　完全成本法下的利润表

项目	第1年	第2年	第3年
销售收入	500 000	300 000	700 000
销售成本	250 000	150 000	350 000
期初存货成本	0	0	100 000
本期完工入库成本	250 000	250 000	250 000
期末存货成本	0	100 000	0

(续表)

项目	第1年	第2年	第3年
销售毛利	250 000	150 000	350 000
期间费用	70 000	50 000	90 000
营业利润	180 000	100 000	260 000

比较表2-11和2-12，可以看出：

(1) 第1年，两种方法计算的营业利润是相等的。这是因为第1年产销均衡，期初无存货。采用完全成本法时，随期初存货转入当期或随期末存货转入下期的固定制造费用均为0，当期的固定制造费用全部影响企业当期利润。因此，从结果来看，两种方法计算的营业利润相等。

(2) 第2年，变动成本法下计算的营业利润比完全成本法下计算的营业利润低20 000元。这是因为第2年产量大于销量，期末存货量增加了4000件，采用完全成本法计算时，每年固定制造费用50 000元，全年产量10 000件，每件产品所要承担的固定制造费用是5元，第2年期末存货量为4000件，所以，这4000件期末存货吸收了20 000元的固定制造费用(4000×5)随期末存货转入了下期，当期的固定制造费用只有30 000元影响企业当期利润。因此，第2年完全成本法下营业利润要高。

(3) 第3年，变动成本法下计算的营业利润比完全成本法下计算的营业利润高20 000元。这是因为第3年产量小于销量，当期销售不仅包括本年的产量10 000件，还包括上年的期末存货4000件，采用完全成本法计算时，上期随存货转入第3年的20 000元固定制造费用是因为第3年的销售影响了企业当期利润。因此，第3年完全成本法下营业利润要低。

三、变动成本法的优缺点

(一) 变动成本法的优点

(1) 区分固定成本与变动成本，有利于明确企业产品盈利能力和划分成本责任。

变动生产成本的高低最能反映生产部门和供应部门的工作实绩。例如，在直接材料、直接人工和变动制造费用方面如有节约或超支，会立即从产品的变动生产成本指标中反映出来，这样可以通过事前制定标准成本和建立弹性预算进行日常控制。这不仅有利于人们进行科学的事后成本分析及采用正确的方法进行成本控制，还能对各责任部门的工作实绩做出实事求是的评价与考核。

(2) 能够保持利润与销售量增减相一致，促进以销定产。

变动成本法下，产量的高低与存货的增减对企业营业利润都没有影响，在售价、单位变动成本、销售结构不变的情况下，营业利润与销售量同步变化，这样就会使管理层注意研究市场动态，搞好销售工作，以销定产，防止盲目扩张产能。

(3) 揭示了销售量、成本和利润之间的依存关系，使当期利润真正反映企业经营状况，有利于企业经营预测和决策。

变动成本法计算出的变动成本、贡献毛利及各种产品的盈利能力等重要信息，有利于企业内部管理人员进行本量利分析，能够用来预测企业的保本点、保利点和影响利润变动的因素及其程度，使企业的短期经营决策更及时、有效。

(二) 变动成本法的缺点

(1) 变动成本法计算的产品成本只包括变动生产成本，固定生产成本未包含在产品成本中，不能正确反映产品生产过程中发生的全部耗费。

(2) 变动成本法下计算的单位变动成本和固定成本总额仅在短期内和一定业务范围内保持稳定，但从长期来看是会发生变化的，所以不能适应长期决策的需要。

第五节　作业成本法

一、作业成本法概述

(一) 作业成本法定义

作业成本法，是指以作业为基础的成本计算方法，以"作业消耗资源、产出消耗作业"为原则，按照资源动因将资源费用追溯或分配至各项作业，计算出作业成本，然后再根据作业动因，将作业成本追溯或分配到各个成本对象，最终完成成本计算的成本管理方法。

在作业成本法下计算产品成本时，直接成本(如直接材料)可以直接计入产品成本，而间接费用(如制造费用)先将其按照资源动因向各个作业进行分配，然后按照作业和产品之间的作业动因，将作业归集的成本向产品进行分配，最终完成成本计算过程。

(二) 作业成本法相关概念

1. 资源费用

作业成本法概念

资源费用，是指企业在一定期间内开展经济活动所发生的各项资源耗费。资源费用既包括房屋及建筑物、设备、材料、商品等有形资源的耗费，也包括信息、知识产权、土地使用权等各种无形资源的耗费，还包括人力资源耗费和其他各种税费支出等。

企业的资源既包括直接材料、直接人工、生产维持成本(如采购人员的工资)，还包括制造费用及生产过程中的其他费用(如销售推广费用)。为便于将资源费用直接追溯或分配至各作业中心，企业还可以按照资源与不同层次作业的关系，将资源分为如下五类。

(1) 产量级资源，包括为单个产品(或服务)所取得的原材料、零部件、人工、能源等。

(2) 批别级管理，包括用于生产准备、机器调试的人工等。

(3) 品种级资源，包括为生产某一种产品(或服务)所需要的专用化设备、软件或人力资源等。

(4) 顾客级资源，包括为服务特定客户所需要的专门化设备、软件和人力等。

(5) 设施级资源，包括土地使用权、房屋及建筑物，以及所保持的不受产量、批别、产品、服务和客户变化影响的人力资源等。

对产量级资源费用，应直接追溯至各作业中心的产品等成本对象；对于其他级别的资源费用，应选择合理的资源动因，按照各作业中心的资源动因量比例，分配至各作业中心。

企业为执行每一种作业所消耗的资源费用的总和，构成该种作业的总成本。

2. 作业

作业，是指企业基于特定目的重复执行的任务或活动，是连接资源和成本对象的"桥梁"。作业既可以是一项非常具体的任务或活动，也可以泛指一类任务或活动。按消耗对象不同，作业可分为主要作业和次要作业。主要作业是被产品、服务或客户等最终成本对象消耗的作业；次要作业是被原材料、主要作业等介于中间地位的成本对象消耗的作业。

作业的划分是从产品设计开始到物料供应，从生产工艺流程的各个环节、质量检验总装到发运销售的全过程。执行任何一项作业都需要耗费一定的资源，一项作业可能是一项非常具体的活动，如车工作业，也可能泛指一类活动，如机加工车间的车、铣、刨、磨等所有作业统称为机加工作业，甚至可以将机加工作业、产品组装作业等统称为生产作业。

企业可按照受益对象、层次和重要性，将作业分为以下五类，并分别设计相应的作业中心。

(1) 产量级作业，是指明确地为个别产品(或服务)实施的，使单个产品(或服务)受益的作业。该类作业的数量与产品(或服务)的数量成正比例变动，包括产品加工、检验等。

(2) 批别级作业，是指为一组(或一批)产品(或服务)实施的，使该组(或批)产品(或服务)受益的作业。该类作业的发生是由生产的批量数而不是单个产品(或服务)引起的，其数量与产品(或服务)的批量数成正比变动，包括设备调试、生产准备等。

(3) 品种级作业，是指为生产和销售某种产品(或服务)实施的，使该种产品(或服务)的每个单位都受益的作业。该类作业用于产品(或服务)的生产或销售，但独立于实际产量或批量，其数量与品种的多少成正比例变动，包括新产品设计、现有产品质量与功能改进、生产流程监控、工艺变换需要的流程设计、产品广告等。

(4) 客户级作业，是指为服务特定客户所实施的作业。该类作业保证企业将产品(或服务)销售给个别客户，但作业本身与产品(或服务)数量独立，包括向个别客户提供的技术支持活动、咨询活动、独特包装等。

(5) 设施级作业，是指为提供生产产品(或服务)的基本能力而实施的作业。该类作业是开展业务的基本条件，其使所有产品(或服务)都受益，但与产量或销量无关，包括管理作业、针对企业整体的广告活动等。

3. 成本对象

成本对象，是指企业追溯或分配资源费用、计算成本的对象。成本对象可以是工艺、流程、零部件、产品、服务、分销渠道、客户、作业、作业链等需要计量和分配成本的项目。

二、成本动因

成本动因，是指诱导成本发生的原因，是成本对象与其直接关联的作业和最终关联的资源之间的中介。成本动因按其在资源流动中所处的位置和作用，可分为资源动因和作业动因。

(一) 资源动因

资源动因，是引起资源耗用的成本动因，它反映了资源耗用与作业量之间的因果关系。资源动因的选择与计量为将各项资源费用归集到作业中心提供依据。例如，以"运输"作业消耗的资源有设备、人工等。其中，设备可以直接追溯到"运输作业"；而人工等无法直接追溯，这时就可以考虑使用"运输公里"这一资源动因来分配人工，则这项作业的总成本就等于可直接追溯的资源成本与按资源动因分配的成本之和。

【例题2-14】M公司作业A和作业B一共消耗人工工时10 000小时，人工成本50 000元，一般材料总消耗为400千克，总成本为8000元。作业A和作业B消耗材料与人工情况的详细资料如表2-13所示。

表2-13 作业A和作业B消耗材料与人工情况

作业项目	资源动因	
	消耗材料(千克)	消耗人工(小时)
作业A	100	2000
作业B	300	8000
合计	400	10 000

要求：计算作业A和作业B的成本。

材料分配率=8000÷400=20(元/千克)

作业A应该分配的材料=100×20=200(元)

作业B应该分配的材料=300×20=600(元)

人工费用分配率=50 000÷10 000=5(元/小时)

作业A应该分配的人工费用＝2000×5＝10 000(元)

作业B应该分配的人工费用＝8000×5＝40 000(元)

作业A的作业成本＝200+10 000＝10 200(元)

作业B的作业成本＝600+40 000＝40 600(元)

(二) 作业动因

作业动因，是引起作业耗用的成本动因，反映了作业耗用与最终产出的因果关系，是将作业成本分配到流程、产品、分销渠道、客户等成本对象的依据。作业动因计量各种产品对作业耗用的情况，并被用来作为作业成本的分配依据，是联结产品和作业的纽带。

【例题2-15】M公司生产甲产品和乙产品，制造费用主要发生于材料验收、设备维修及运输三项作业。与制造费用相关的作业，其成本及其他有关资料如表2-14所示。

表2-14　作业与相关成本资料表

产品	材料验收(次)	设备维修(小时)	运输(千米)
甲产品	10	200	10
乙产品	20	300	10
制造费用(元)	3000	10 000	200

要求：计算甲产品和乙产品的制造费用。

材料验收作业分配率＝3000÷(10+20)＝100(元/次)

设备维修作业分配率＝10 000÷(200+300)＝20(元/小时)

运输作业分配率＝200÷(10+10)＝10(元/千米)

甲产品应承担的制造费用＝10×100+200×20+10×10＝5100(元)

乙产品应承担的制造费用＝20×100+300×20+10×10＝8100(元)

三、作业成本法的基本原理

作业成本法下资源与产品成本(或劳务成本)的关系分为直接因果关系、间接因果关系和无因果关系3种。

(一) 直接因果关系

与产品成本等有直接因果关系的资源称为"直接成本"，是指产品生产过程中，用于产品生产的直接材料、直接人工等，可以直接计入产品的生产成本，称为"直接追溯成本"。

(二) 间接因果关系

与产品生产有间接因果关系的成本称为"间接成本"，是指生产企业各生产单位为组织和管理生产发生的各种费用，包括制造费用及间接的销售和管理费用。间接成本发生后，不能直接计入某一成本计算对象，应在会计期间终了，按照一定的标准(如各种产品所耗用的工时)将所归集的间接费用分配计入相关产品的生产成本。

不同于传统成本法的是：作业成本法先根据资源与作业的因果关系(也就是资源动因关系)将各作业所消耗的资源计入特定作业，然后再根据作业与产品(或劳务)的因果关系(即作业动因)将其计入特定产品(或劳务)。这就是作业成本法中的"动因追溯法"。作业成本法的核心在于把"作业量"与传统成本计算法中的"数量"，即人工工时、机器小时区别开，并以作业量作为分配大多数间接成本的基础。

(三) 无因果关系

与产品无因果关系的成本称为"不可追溯成本"，这种成本与成本对象之间没有因果关系，或者追溯不具有经济可行性。把不可追溯成本分摊至各成本计算对象的过程称为分摊。由于不存在因果关系，所以分摊不可追溯成本往往建立在简便原则或假定联系的基础上。例如，一个公司生产6种产品，在分摊照明费和取暖费时，很难找到其中的因果关系，简便的做法是按每种产品消耗的人工小时的比例分摊成本。

作业成本法的核心是制造费用的分配问题，即"作业消耗资源，资源消耗作业"。

作业成本法的基本原理可以概括为：依据不同的成本动因分别设置作业中心，归集每一个作业中心的资源费用，再分别以每一种产品所耗费的作业量分配其在该作业中心的作业成本，最后汇总每一种产品的作业总成本，计算各种产品的总成本和单位成本。作业中心设计，是指企业将认定的所有作业按照一定的标准进行分类，形成不同的作业中心，作为资源费用追溯或分配对象的过程。作业中心可以是某一项具体的作业，也可以是由若干个相互联系的能够实现某种特定功能的作业集。

作业成本法对制造费用的分配做了根本性变革：一是将制造费用由全厂统一或按部门归集和分配，改为由若干个作业中心进行归集和分配；二是增加了分配标准，由单一标准分配改为按引起间接费用发生的多种产品动因进行分配。

四、作业成本法的适用条件

(一) 间接生产费用在产品中占的比重较大

间接生产费用在成本中占的比重越大，采用传统成本计算方式分配的间接生产费用就越会使成本信息受到严重的扭曲，进而影响成本决策的重要性。如果采用作业成本法，成本信息的准确性将会提高，成本决策也就更具有相关性。

(二) 企业规模大，产品种类繁多

如果企业产品品种比较多，就会存在间接生产费用在各种产品之间进行分配的问题。当与产出量相关的费用和与产出量不相关的费用不呈同比例变动时，传统成本计算法就会笼统地将不同性质的生产费用以产出量为基础分配，这会使成本信息不可靠。而作业成

本法以作业为中心，区分不同质的费用，采用不同质的动因进行分配，能更准确地分配成本。

(三) 产品工艺复杂，作业环节多且容易辨认

作业环节越多，间接生产费用的发生与产出量不相关的可能性就越大，采用单一与产出量相关的分配基础对成本信息的扭曲也就越大。另外，随着作业环节的增多、不增值的作业就可能越多，因此，采用作业成本法对消除不增值作业、降低产品成本大有裨益。

(四) 生产调整准备成本比较高，各批投产差异额大

生产调整准备成本通常与投产批次有关，与每批投产数量关系不大，若将这种成本按与产出量相关的基础分配到产品，将会导致分配结果的不准确。但是作业成本法则是按各产品对调整作业的消耗次数进行成本分配的，这样能提高分配的准确性。

(五) 对计算机技术要求比较高，以利于数据加工运用

先进的计算机技术能够帮助企业完成比传统成本计算法计算更为复杂、对结果的准确性要求更高的数据收集、信息提供和程序运行。

五、作业成本法的流程

(一) 资源识别及资源费用的确认与计量

资源识别及资源费用的确认与计量，是指识别出由企业拥有或控制的所有资源，遵循国家统一的会计制度，合理选择会计政策，确认和计量全部资源费用，编制资源费用清单，为资源费用的追溯或分配奠定基础。

作业成本法讲解

资源费用清单一般应分部门列示当期发生的所有资源费用，其内容要素一般包括发生部门、费用性质、所属类别、受益对象等。

资源识别及资源费用的确认与计量应由企业的财务部门负责，在基础设施管理、人力资源管理、研究与开发、采购、生产、技术、营销、服务、信息等部门的配合下完成。

(二) 确定成本对象

在作业成本法下，企业应将当期所有的资源费用，遵循因果关系和受益原则，根据资源动因和作业动因，分项目经由作业追溯或分配至相关的成本对象，确定成本对象的成本。企业应根据国家统一的会计制度，并考虑预算控制、成本管理、营运管理、业绩评价及经济决策等方面的要求确定成本对象。

(三) 作业认定

企业需要对每项消耗资源的作业进行识别、定义和划分，确定每项作业在生产经营活动中的作用、同其他作业的区别及每项作业与耗用资源的关系。企业对认定的作业应加以

分析和归类，按顺序列出作业清单或编制出作业字典，方便后期进行作业成本的归集。

作业认定，是指企业识别由间接或辅助资源执行的作业集，确认每一项作业完成的工作及执行该作业所耗费的资源费用，并据以编制作业清单的过程。

作业认定的内容主要包括对企业每项消耗资源的作业进行识别、定义和划分，确定每项作业在生产经营活动中的作用、同其他作业的区别及每项作业与耗用资源之间的关系。

作业认定时，需要根据企业生产流程，自上而下进行分解，并且需要通过与企业每一部门负责人和一般员工进行交流，自下而上确定他们所做的工作，并逐一认定各项作业。

企业对认定的作业应加以分析和归类，按顺序列出作业清单或编制出作业字典。作业清单或作业字典一般包括作业名称、作业内容、作业类别、所属作业中心等内容。

(四) 作业中心设计

作业中心设计，是指企业将认定的所有作业按照一定的标准进行分类，形成不同的作业中心，作为资源费用追溯或分配对象的过程。作业中心可以是某一项具体的作业，也可以是由若干个相互联系的能够实现某种特定功能的作业的集合。

(五) 选择资源动因

资源动因是引起资源耗用的成本动因，它反映了资源耗用与作业量之间的因果关系。资源动因的选择与计量为各项资源费用归集到作业中心提供了依据。企业应识别当期发生的每一项资源消耗，分析资源耗用与作业中心作业量之间的因果关系，选择并计量资源动因。企业一般应选择与资源费用总额成正比例关系变动的资源动因作为资源费用分配的依据。

(六) 按照作业归集费用，计算各作业成本

作业成本归集，是指企业根据资源耗用与作业之间的因果关系，将所有的资源成本直接追溯或按资源动因分配至各作业中心，计算各作业总成本的过程。将资源费用分配至作业时，对于为某种作业单独消耗的资源费用可以直接分配到作业中心，对于需要几个作业共同分摊的资源费用，必须采用一定的资源动因，将该资源分配至共同耗用资源的各个作业。

(七) 作业成本分配

作业成本分配是指企业将各作业中心的作业成本按作业动因分配至产品等成本对象，并结合直接追溯的资源费用，计算出各成本对象的总成本和单位成本的过程。

1. 分配次要作业成本至主要作业，计算主要作业的总成本和单位成本

企业应按照各主要作业耗用每一次要作业的作业动因量，将次要作业的总成本分配至各主要作业，并结合直接追溯至次要作业的资源费用，计算各主要作业的总成本和单位成本。

次要作业成本分配率＝次要作业总成本÷该次要作业动因总量

某主要作业分配的次要作业成本＝该主要作业耗用次要作业动因量

×该作业成本分配率

主要作业总成本＝直接追溯至该主要作业的成本

＋分配至该主要作业的次要作业成本

主要作业成本分配率＝主要作业总成本÷该主要作业动因总量

2. 分配主要作业成本至成本对象，计算各成本对象的总成本和单位成本

企业应按照各成本对象耗用每一主要作业的作业动因量，将主要作业成本分配至各成本对象，并结合直接追溯至成本对象的单位水平资源费用，计算各成本对象的总成本和单位成本。

某成本对象分配的主要作业成本＝该成本对象耗用的主要作业成本动因量

×该主要作业成本分配率

某成本对象总成本＝直接追溯至该成本对象的成本

＋分配至该成本对象的所有主要作业成本之和

某成本对象单位成本＝该成本对象总成本÷该成本对象的产出量

【例题2-16】M公司生产甲和乙两种产品，当月发生制造费用600 000元，之前公司按照人工工时分配制造费用，有关资料如表2-15和表2-16所示。

表2-15 产品相关资料情况表(一)

项目	甲产品	乙产品
产量(件)	1000	2000
直接材料(元/件)	30	40
材料用量(千克/件)	3	1
直接人工工时(小时/件)	2	2
机器调控总次数	15	5
产品抽检比例(%)	50	50
小时工资率(元/小时)	30	30

表2-16 产品相关资料情况表(二)

作业项目	成本动因	成本库	制造费用(元)
质量控制	抽检件数	质量控制	300 000
机器调控	调控次数	机器调控	200 000
材料整理	整理数量	材料整理	100 000
制造费用合计			600 000

要求：分别采用传统成本法和作业成本法计算成本。

1. 传统成本法下产品成本的计算

制造费用分配如表2-17所示。

表2-17　传统成本法下制造费用分配

产品名称	人工工时(小时)	分配率(元/小时)	分配金额(元)
甲产品	2×1000＝2000	600 000÷6000＝100	200 000
乙产品	2×2000＝4000		400 000
合计	6000		600 000

产品成本计算如表2-18所示。

表2-18　传统成本法下产品成本计算

成本项目	甲产品		乙产品	
	单位成本	总成本	单位成本	总成本
直接材料成本	30	30 000	40	80 000
直接人工成本	2×30＝60	60 000	2×30＝60	120 000
制造费用	400	200 000	100	400 000
合计	490	290 000	200	600 000

2. 作业成本法下产品成本的计算

制造费用分配率计算如表2-19所示。

表2-19　作业成本法下制造费用分配率计算

成本库	制造费用(元)	成本动因	分配率
质量控制	300 000	1000×50%＋2000×50%＝1500	300 000÷1500＝200
机器调控	200 000	15＋5＝20	200 000÷20＝10 000
材料整理	100 000	3×1000＋1×2000＝5000	100 000÷5000＝20

制造费用分配如表2-20所示。

表2-20　作业成本法下制造费用分配

成本库	制造费用	分配率	甲产品		乙产品	
			消耗动因	分配成本	消耗动因	分配成本
质量控制	300 000	200	500	100 000	1000	200 000
机器控制	200 000	10 000	15	150 000	5	50 000
材料整理	100 000	20	3000	60 000	2000	40 000
合计	600 000			310 000		290 000

产品成本计算如表2-21所示。

表2-21 作业成本法下产品成本计算

成本项目	甲产品		乙产品	
	单位成本	总成本	单位成本	总成本
直接材料成本	30	30 000	40	80 000
直接人工成本	2×30＝60	60 000	2×30＝60	120 000
制造费用	310	310 000	145	290 000
合计	400	400 000	245	490 000

六、作业成本法的应用环境

(1) 企业应用作业成本法所处的外部环境，一般应具备以下特点之一：①客户个性化需求较高，市场竞争激烈；②产品的需求弹性较大，价格敏感度高。

(2) 企业应用作业成本法应基于作业观，即企业作为一个为最终满足客户需要而设计的一系列作业的集合体，进行业务组织和管理。

(3) 企业应成立由生产、技术、销售、财务、信息等部门的相关人员构成的设计和实施小组，负责作业成本系统的开发设计与组织实施工作。

(4) 企业应能够清晰地识别作业、作业链、资源动因和成本动因，为资源费用及作业成本的追溯或分配提供合理的依据。

(5) 企业应拥有先进的计算机及网络技术，配备完善的信息系统，能够及时、准确地提供各项资源、作业、成本动因等方面的信息。

七、作业成本法的应用目标

(1) 通过追踪所有资源费用到作业，然后再到流程、产品、分销渠道或客户等成本对象，提供全口径、多维度的更加准确的成本信息。

(2) 通过作业认定、成本动因分析及对作业效率、质量和时间的计量，更真实地揭示资源、作业和成本之间的联动关系，为资源的合理配置及作业、流程和作业链(或价值链)的持续优化提供依据。

(3) 通过作业成本法提供的信息及其分析，为企业更有效地开展规划、决策、控制、评价等各种管理活动奠定坚实基础。

八、作业成本法的优缺点

(一) 作业成本法的优点

(1) 能够提供更加准确的各维度成本信息，有助于企业提高产品定价、作业与流程改进、客户服务等决策的准确性。

(2) 能够改善和强化成本控制，促进绩效管理的改进和完善。

(3) 能推进作业基础预算，提高作业、流程、作业链(或价值链)管理的能力。

(二) 作业成本法的缺点

(1) 部分作业的识别、划分、合并与认定，以及成本动因的选择及成本动因计量方法的选择等均存在较大的主观性。

(2) 作业成本法操作较为复杂，开发和维护费用较高。

▌本章小结▌

在管理会计中，成本按其性态可分为固定成本、变动成本、混合成本三大类。固定成本是指在一定时期和一定业务量范围内，成本总额随业务量的变动而保持不变的成本。固定成本按是否受管理当局短期决策行为的影响，可以进一步细分为约束性固定成本和酌量性固定成本两类。变动成本是指在一定时期和一定业务量范围内，成本总额随业务量的变动成正比例变动的成本。混合成本是指同时具有固定成本和变动成本两种不同性质的成本。无论是固定成本还是变动成本，只有在一定相关范围内才能具有其特征。

目标成本法以市场为导向，以目标售价和目标利润为基础确定产品的目标成本，从产品设计阶段开始，通过各部门、各环节乃至供应商的通力合作，共同实现目标成本的成本管理方法。

在标准成本法中，标准成本的制定是关键，重点是标准成本差异的计算与分析，标准成本管理与控制为标准成本法的实施提供了管理保障，标准成本差异账务处理是实施标准成本法的核算结果。

变动成本法是以成本性态分析为前提，在计算产品成本时，只包括产品生产过程中所消耗的变动生产成本，即直接材料、直接人工和变动制造费用，而把固定生产成本全部作为期间成本处理。

　　作业成本法是以作业为基础的成本计算方法，它是将生产产品(包括提供的服务)所消耗的资源按作业归集，再由作业分配至产品的一种成本计算方法。作业成本法采用多元分配基准，集财务变量与非财务变量于一体，成本信息要比传统成本计算更准确。

课程思政元素

成本管理与辩证唯物主义

1. 解决问题要抓住主要矛盾

　　标准成本编制中的"五因素法"，分别是工艺进步因素、历史成本因素、年度预算因素、规模变动因素和产能变动因素；坚持"两个原则"，分别是业务与财务、技术与经济综合平衡的原则，以及重视历史数据处理、保证标准成本的合理性原则；同时，找准"五个切入点"，分别是确保标准价格体系的准确适用、确保标准定时修订、确保物料投入产出标准闭环、确保编制效率和质量平衡、编制时注意划分成本性态，将标准成本运用融入生产经营实践，实现标准成本与其他管理工作的有机对接，促进技术、业务与财务的交汇融合，有效提升企业管控决策质量。其中，找准切入点至关重要，在找准"五个切入点"的基础上实现标准成本与其他管理工作的有机对接，这反映出做事情要抓主要矛盾。毛泽东同志指出：任何过程如果有多数矛盾存在的话，其中必定有一种是主要的，起着领导的、决定的作用，其他则处于次要和服从的地位。因此，在研究任何过程时，如果存在两个以上矛盾的复杂过程，就要用全力找出它的主要矛盾，捉住这个主要矛盾，一切问题就会迎刃而解。

2. 世界上任何事物的变化发展都是量变和质变的统一

　　量变是质变的必要准备，质变是量变的必然结果，量变和质变相互渗透。客观事物在不断地运动变化，事物之间在相互转化，一个事物向另一个事物的转化就是矛盾的转化，矛盾的转化反映了事物性质的变化。固定成本和变动成本具有转化性，固定成本总额只有在一定时期和一定业务量范围内才是固定的。两者之间划分的界限并不是非常明晰，有时它们可以通过相互转化来达到降低成本的作用。

3. 善于通过现象看本质

　　现象是事物的表面特征和外部联系，可以被人的感官直接感知；本质是事物的根本性质和内在联系，不能直接感知，只有通过理性思维把握。现象是个别的、具体的、多种多样的、易逝的；本质则是同类现象中一般的、共同的东西，相对稳定。完全成本法和变动成本法下利润计算不同的根本原因并非在于产销是否平衡，而是计入当期损益表的固定制造费用数额出现差异。产销是否平衡仅是表象，对固定制造费用的处理态度不同才是本质。

同步练习

第一节 成本管理认知

一、单项选择题

1. 按照成本性态，成本可划分为(　　)、变动成本和混合成本。

  A. 固定成本　　　　　　　　　B. 可控成本

  C. 历史成本　　　　　　　　　D. 不可控成本

2. 变动成本不包括(　　)。

  A. 变动制造费用　　　　　　　B. 固定制造费用

  C. 直接材料　　　　　　　　　D. 直接人工

3. 对成本计划及其有关指标实际完成情况进行定期总结和评价，并根据考核结果和责任制的落实情况进行相应的奖励和惩罚，以监督和促进企业加强成本管理责任制，提高成本管理水平的成本管理活动是(　　)。

  A. 成本分析　　　　　　　　　B. 成本决策

  C. 成本计算　　　　　　　　　D. 成本考核

二、多项选择题

1. 成本管理的职责包括(　　)。

  A. 成本预测　　　　　　　　　B. 成本决策

  C. 成本计划　　　　　　　　　D. 成本控制

2. 成本管理的3个阶段分别是(　　)。

  A. 事前成本管理阶段　　　　　B. 事中成本管理阶段

  C. 事后成本管理阶段　　　　　D. 全过程管理

3. 成本管理的原则有(　　)。

  A. 融合性原则　　　　　　　　B. 适应性原则

  C. 成本效益原则　　　　　　　D. 重要性原则

三、判断题

1. 成本按照经济职能可划分为制造成本和非制造成本两大类。　　　　　　　　(　　)

2. 成本管理，是指企业在营运过程中实施成本预测、成本决策、成本计划、成本控制、成本核算、成本分析和成本考核等一系列管理活动的总称。　　　　　　　　(　　)

第二节 目标成本法

一、单项选择题

1. 企业以市场为导向，以目标售价和目标利润为基础确定产品的目标成本，从产品设计阶段开始，通过各部门、各环节乃至与供应商的通力合作，共同实现目标成本的成本管理方法的是( )。

A. 目标成本法 B. 标准成本法

C. 作业成本法 D. 变动成本法

2. 目标成本管理过程有赖于价值链上( )参与，包括供应商、批发商、零售商及服务提供商。

A. 全体成员 B. 中高层管理者

C. 基层管理者 D. 部分员工

二、多项选择题

1. 目标成本法实施的原则有( )。

A. 价格引导的成本管理 B. 关注顾客

C. 关注产品与流程设计 D. 跨职能合作

2. 目标成本法的优点有( )。

A. 突出从原材料到产品出货全过程的成本管理，有助于提高成本管理的效率和效果

B. 强调产品寿命周期成本的全过程和全员管理，有助于提高客户价值和产品市场竞争力

C. 谋求成本规划和利润规划活动的有机统一，有助于提高产品的综合竞争力

D. 目标成本法需要各有关部门和人员的通力合作，企业的管理水平要求高

三、判断题

1. 目标成本法，是指企业以市场为导向，以目标售价和目标利润为基础确定产品的目标成本，从产品设计阶段开始，通过各部门、各环节乃至与供应商的通力合作，共同实现目标成本的成本管理方法。 ( )

2. 目标成本法是一种全过程、全方位、全人员的成本管理方法。 ( )

第三节 标准成本法

一、单项选择题

1. 企业正常的标准成本从数量上看( )。

A. 小于理想的标准成本，也小于历史平均成本

B. 大于理想的标准成本，也大于历史平均成本

C. 大于理想的标准成本，小于历史平均成本

D. 小于理想的标准成本，但大于历史平均成本

2. 下列成本差异中，不是生产过程导致的是( )。

A. 变动制造费用价格差异   B. 材料价格差异

C. 变动制造费用数量差异   D. 直接人工成本差异

3. 每个成本项目的标准成本可按( )计算得到。

A. 标准价格×实际用量   B. 实际价格×标准用量

C. 实际价格×实际用量   D. 标准价格×标准用量

4. 每个成本项目的实际成本可按( )计算得到。

A. 标准价格×实际用量   B. 实际价格×标准用量

C. 实际价格×实际用量   D. 标准价格×标准用量

二、多项选择题

1. 在材料成本差异分析中( )。

A. 价格差异的大小是由价格脱离标准的程度及标准用量高低所决定的

B. 价格差异的大小是由价格脱离标准的程度及实际耗用量高低所决定的

C. 数量差异的大小是由用量脱离标准的程度及标准价格高低所决定的

D. 数量差异的大小是由用量脱离标准的程度及实际价格高低所决定的

2. 直接人工成本差异计算包括( )。

A. (实际工资率-标准工资率)×实际工时

B. (实际工时-标准工时)×标准工资率

C. (实际工资率-标准工资率)×标准工时

D. (实际工时-标准工时)×实际工资率

三、判断题

1. 正常的标准成本应大于理想的标准成本。   ( )

2. 标准成本法，是指企业以预先制定的标准成本为基础，通过比较标准成本与实际成本，计算和分析成本差异、揭示成本差异动因，进而实施成本控制、评价经营业绩的一种成本管理方法，也是加强成本控制、评价经济业绩的一种成本控制制度。   ( )

3. 单位产品的标准成本可以分解为直接材料标准成本和直接人工标准成本两部分。

     ( )

四、计算题

M公司生产蹦床设备，固定制造费用单位标准工时为3，本月实际产量为2000个，直接材料、直接人工和制造费用的单位标准成本和单位实际成本如表2-22所示。

表2-22 直接材料、直接人工和制造费用的单位标准成本和单位实际成本

成本项目	实际单位成本		标准单位成本	
	耗用数量	实际价格	耗用数量	标准价格
直接材料	5.5千克	110元	4.5千克	100元
直接人工	0.5小时	340元	0.5小时	300元
变动制造费用	2.5小时	60元	3小时	50元

要求：用标准成本法计算直接材料、直接人工和变动制造费用的成本差异。

第四节 变动成本法

一、单项选择题

1. 变动成本法和完全成本法比较，存货的成本较其少( )。

    A. 直接人工   B. 固定制造费用

    C. 变动制造费用   D. 原材料

2. 某公司按变动成本法计算的营业利润为8000元，该期产量为8000件，销售量为4000件，期初存货为零，固定性制造费用总额为8000元，则按完全成本法计算的营业利润为( )元。

    A. 12 000   B. 1000

    C. 7000   D. 6000

3. 期初有存货，期末无存货，完全成本法的营业利润( )变动成本法的营业利润。

    A. 小于   B. 不确定

    C. 大于   D. 等于

二、多项选择题

1. 在变动成本下，期间成本通常包括( )。

    A. 固定性制造费用   B. 管理费用

    C. 直接人工   D. 销售费用

2. 在变动成本下，产品成本的构成包括( )。

    A. 变动性制造费用   B. 管理费用

    C. 直接人工   D. 直接材料

3. 变动成本法一般适用于同时具备以下特征的企业( )。

    A. 固定成本比重较大，产品更新换代速度较快的企业

    B. 企业规模大，产品或服务的种类多，固定成本分摊存在较大困难的企业

    C. 作业保持相对稳定的企业

    D. 生产成本占比较重的企业

三、判断题

1. 变动成本法是以成本性态分析为前提，将全部成本分为变动成本和固定成本两部分。　　　　　　　　　　　　　　　　　　　　　　　　　　　　　（　　）

2. 完全成本法的理论前提是产品成本只包括变动生产成本，固定生产成本必须作为期间成本处理。　　　　　　　　　　　　　　　　　　　　　　　　　　　（　　）

四、计算题

凌志公司本年度生产热水加热设备，其产量、售价及成本的有关资料如下：生产量为8000件，销售量为7000件，期初存货量为零。单位产品销售费用为46元，直接材料成本为40 000元，直接人工成本为64 000元，单位变动制造费用为12元，固定制造费用为56 000元，单位变动销售及管理费用为8元，固定销售管理费用为42 000元。

要求：

1. 分别采用变动成本计算法和完全成本计算法计算本年度期末存货成本。

2. 分别采用变动成本计算法和完全成本计算法来编制损益表。

第五节　作业成本法

一、单项选择题

1. 如果制造费用在产品成本中占有较大比重，则比较适宜采用的成本计算法是(　　)。

    A. 作业成本计算法　　　　　　　　　B. 变动成本计算法

    C. 责任成本计算法　　　　　　　　　D. 全部成本计算法

2. 某产品设备维修成本为6000元，A产品和B产品的设备维修时间为40小时和20小时，其作业成本分配率为(　　)。

    A. 300　　　　　　　　　　　　　　　B. 100

    C. 250　　　　　　　　　　　　　　　D. 200

3. 作业基础成本法的缺陷是(　　)。

    A. 实施成本较高　　　　　　　　　　B. 实施效果较差

    C. 成本决策相关性较弱　　　　　　　D. 间接费用的分配与产出量相关性较弱

二、多项选择题

1. 成本动因按其在资源流动中所处的位置和作用，可分为(　　)。

    A. 资源动因　　　　　　　　　　　　B. 作业动因

    C. 不可控动因　　　　　　　　　　　D. 可控动因

2. 企业可按照受益对象、层次和重要性，将作业分为(　　)。

    A. 产量级作业　　　　　　　　　　　B. 批别级作业

    C. 品种级作业　　　　　　　　　　　D. 客户级作业

三、判断题

1. 作业成本法是成本计算方法的一种，其特点是先按资源动因分配费用，计算各作业中心成本，再按作业动因分配作业成本，计算产品成本。 （ ）

2. 作业，是指企业基于特定目的重复执行的任务或活动，是连接资源和成本对象的"桥梁"。一项作业只能是一项非常具体的任务或活动。 （ ）

四、计算题

准时公司采用作业基础成本法计算分配间接费用，该企业当月每只闹钟的小时数是0.5小时，装配每只运动手环的小时数是1小时。闹钟的生产量为5000只，运动手环为7000只。当月制造费用金额为135 000元，其他有关资料如表2-23所示。

表2-23 其他有关资料

作业	成本动因	成本(元)	作业水平	
			闹钟	运动手环
生产准备	准备次数(次)	70 000	30	20
材料管理	零部件(千克)	20 000	15	25
运输管理	运输数量(千米)	45 000	5000	7000
合计		135 000		

要求：

1. 按照工时分配每种产品的制造费用金额。

2. 用作业成本法计算分配每种产品的制造费用金额。

习题参考答案

第三章 营运管理

学习目标

知识目标

了解本量利的含义和作用；掌握本量利分析的假设条件；了解边际贡献的含义；掌握本量利分析的基本公式；掌握保本点的概念。

能力目标

能够灵活运用本量利基本公式进行问题的计算；学会运用本量利分析、边际贡献和图示法解决问题；能够计算产品的保本点；会进行企业的安全经营程度分析。

素质目标

向学生灌输学习专业知识的重要性；培养学生自主运用所学知识解决问题的兴趣和处理问题的能力；让学生建立良好的营运管理思维；鼓励学生利用专业知识进行创新创业，深入社会实践、关注现实问题；努力为企业盈利和为社会创造价值，从而实现自我价值。

引导案例

星巴克中国真的是"暴利"吗

日前，央视报道有关星巴克在中国"暴利"的新闻引起了社会的广泛讨论。以北京星巴克为例，咖啡豆1.6元+牛奶2元+一次性用品1元=4.6元，每杯354毫升的星巴克拿铁咖啡物料成本不足5元，国内售价27元。相比之下，同样的一杯咖啡，伦敦的售价是24.25元、芝加哥的售价19.98元、孟买的售价则只有14.6元。星巴克集团总部在给《每日经济新闻》记者回复的邮件中表示，星巴克在中国的利润并不比美国高。星巴克的售价是基于对各种原料设备、基础建设投入、物流运输、员工薪酬福利、租金及汇率等各种运营成本的综合考虑。

为了纠正"对于星巴克而言，中国是一个相对低成本的市场"这一观点，星巴克中国和亚太地区总裁约翰·卡尔弗(John Culver)近日在接受媒体采访时称，就门店的投资和人力成本而言，(中国)接近星巴克在美国的水平。他表示，"事实上，在中国市场赚的钱并不比美国多。"2013年，媒体报道了星巴克位于北京的第一店正式关闭，而关门的原因竟然是付不起房租，加上其在上海的第一店——淮海路力宝店也在4年前关闭，于是消费者们不禁产生疑问：星巴克究竟是高毛利还是经营艰难？

让我们以北京门店为例简单分析一下星巴克国贸店的盈亏平衡。对于星巴克来说，租金及门店费用、人工、原料是其三大成本。有媒体报道，店铺租金和人工成本方面，星巴克北京国贸店一年的租金和人工成本超过700万元；原料成本方面，一杯300毫升的现磨咖啡中，咖啡豆的成本仅约0.35元，如果加上物流运输、牛奶、纸杯包装等费用，一杯咖啡的成本不会超过2元，原材料成本仅占总运营成本约10%左右，即70万元左右。因此，即使国贸店的营收水平在众多门店中属于最高水平，但以一杯咖啡平均价格25元计算，要想收回成本，一年至少要卖出近30多万杯咖啡，平均每天要卖845杯；以一天营业时间12~14小时来算，平均一小时要卖掉60~70杯咖啡，也就是说，如果在国贸店达不到平均一分钟一杯的销售量，就很可能是亏本的。

思考：

1. 星巴克中国是"暴利"吗？

2. 如何正确看待成本与利润之间的关系？

第一节　营运管理认知

营运管理认知

一、营运管理概述

营运管理，是指为了实现企业战略和营运目标，各级管理者通过计划、组织、指挥、协调、控制、激励等活动，实现对企业生产经营过程中的物料供应、产品生产和销售等环节的价值增值管理。企业进行营运管理，应区分计划(plan)、实施(do)、检查(check)、处理(act) 4个阶段(简称PDCA管理原则)，形成闭环管理，使营运管理工作更加条理化、系统化、科学化。营运管理领域应用的管理会计工具方法，一般包括本量利分析、敏感性分析、边际分析和标杆管理等。企业应根据自身业务特点和管理需要等，选择单独或综合运用营运管理工具方法，以更好地实现营运管理目标。

二、营运管理的应用环境

企业营运管理的应用环境包括组织架构、管理制度和流程、信息系统及相关外部环境等。

为确保营运管理的有序开展，企业应建立健全营运管理组织架构，明确各管理层级或管理部门在营运管理中的职责，有效组织开展营运计划的制定审批、分解下达、执行监控、分析报告、绩效管理等日常营运管理工作。

企业应建立健全营运管理的制度体系，明确营运管理各环节的工作目标、职责分工、工作程序、工具方法、信息报告等内容。

企业应建立完整的业务信息系统，规范信息的收集、整理、传递和使用等，有效支持管理者决策。

三、营运管理的应用程序

企业应用营运管理工具方法，一般按照营运计划的制订、营运计划的执行、营运计划的调整、营运监控分析与报告、营运绩效管理等程序进行。

(一) 营运计划的制订

营运计划，是指企业根据战略决策和营运目标的要求，从时间和空间上对营运过程中的各种资源所做出的统筹安排，主要作用是分解营运目标，分配企业资源，安排营运过程中的各项活动。

营运计划按计划的时间可分为长期营运计划、中期营运计划和短期营运计划；按计划的内容可分为销售、生产、供应、财务、人力资源、产品开发、技术改造和设备投资等营运计划。

制订营运计划应当遵循以下原则。

1. 系统性原则

企业在制订营运计划时不仅应考虑营运的各个环节，还要从整个系统的角度出发，既要考虑大系统的利益，也要兼顾各个环节的利益。

2. 平衡性原则

企业应考虑内外部环境之间的矛盾，有效平衡可能对营运过程中的研发、生产、供应、销售等存在影响的各个方面，使其保持合理的比例关系。

3. 灵活性原则

企业应充分考虑未来的不确定性，在制订计划时保持一定的灵活性和弹性。

企业在制订营运计划时，应以战略目标和年度营运目标为指引，充分分析宏观经济形势、行业发展规律及竞争对手情况等内外部环境变化。同时，还应评估企业自身研发、生产、供应、销售等环节的营运能力，客观评估自身的优势和劣势及面临的风险和机会等。

企业在制订营运计划时，应开展营运预测，将其作为营运计划制订的基础和依据。

营运预测，是指通过收集整理历史信息和实时信息，恰当运用科学预测方法，对未来经济活动可能产生的经济效益和发展趋势做出科学合理的预计和推测的过程。

企业应用多种工具方法制订营运计划的，应根据自身实际情况，选择单独或综合应用预算管理领域、平衡计分卡、标杆管理等管理会计工具方法。同时，应充分应用本量利分析、敏感性分析、边际分析等管理会计工具方法，为营运计划的制订提供具体量化的数据分析，有效支持决策。

企业应科学合理地制订营运计划，充分考虑各层次营运目标、业务计划、管理指标等方面的内在逻辑联系，形成涵盖各价值链的、不同层次和不同领域的、业务与财务相结合的、短期与长期相结合的目标体系和行动计划。

企业应采取自上而下、自下而上或上下结合的方式制订营运计划，充分调动全员积极性，通过沟通、讨论达成共识。

企业应根据营运管理流程，对营运计划进行逐级审批。企业各部门应在已经审批通过的营运计划基础上，进一步制订各自的业务计划，并按流程履行审批程序。

企业应对未来的不确定性进行充分的预估，在科学营运预测的基础上，制订多方案的备选营运计划，以应对未来不确定性带来的风险与挑战。

(二) 营运计划的执行

经审批的营运计划应以正式文件的形式下达执行。企业应逐级分解营运计划，按照横向到边、纵向到底的要求分解落实到各所属企业、部门、岗位或员工，确保营运计划得到充分落实。

经审批的营运计划分解到季度、月度，形成月度的营运计划，逐月下达、执行。各企业根据月度的营运计划组织开展各项营运活动。

企业应建立配套的监督控制机制，及时记录营运计划执行情况，进行差异分析与纠偏，持续优化业务流程，确保营运计划有效执行。

企业应在月度营运计划的基础上，开展月度、季度滚动预测，及时反映滚动营运计划所对应的实际营运状况，为企业资源配置决策提供有效支持。

(三) 营运计划的调整

营运计划一旦批准下达，一般不予调整。但是，在宏观经济形势、市场竞争形势等发生重大变化，导致企业营运状况与预期出现较大偏差时，企业可以适时对营运计划做出调整，使营运目标更加切合实际。

企业在营运计划执行过程中，应关注和识别存在的各种不确定因素，分析和评估其对企业营运的影响，适时启动调整原计划的有关工作，确保企业营运目标更加切合实际，更合理地进行资源配置。

企业在做出营运计划调整决策时，应分析和评估营运计划调整方案对企业营运的影响，包括对短期的资源配置、营运成本、营运效益等的影响及对长期战略的影响。

企业应建立营运计划调整的流程和机制，规范营运计划的调整。营运计划的调整应由具体执行的所属企业或部门提出调整申请，经批准后下达正式文件。

(四) 营运监控分析与报告

为了强化营运监控，确保企业营运目标的顺利完成，企业应结合自身实际情况，按照日、周、月、季、年等频率建立营运监控体系。同时，应按照PDCA管理原则，不断优化营运监控体系的各项机制，做好营运监控分析工作。

企业的营运监控分析，是指以本期财务和管理指标为起点，通过指标分析查找异常，并进一步揭示差异所反映的营运缺陷，追踪缺陷成因，提出并落实改进措施，不断提高企业营运管理水平。

营运管理监控的基本任务是发现偏差、分析偏差和纠正偏差。

1. 发现偏差

企业通过各类手段和方法，分析营运计划的执行情况，发现计划执行中的问题。

2. 分析偏差

企业对营运计划执行过程中出现的问题和偏差原因进行研究，采取针对性的措施。

3. 纠正偏差

企业根据偏差产生的原因采取针对性的纠偏对策，使企业营运过程中的活动按既定的营运计划进行，或者对营运计划进行必要的调整。

企业营运监控分析应至少包括发展能力、盈利能力、偿债能力等方面的财务指标，以及生产能力、管理能力等方面的非财务内容，并根据所处行业的营运特点，通过趋势分析、对标分析等工具方法，建立完善营运监控分析指标体系。

企业营运分析的一般步骤包括以下几项。

(1) 明确营运目的，确定有关营运活动的范围。

(2) 全面收集有关营运活动的资料，进行分类整理。

(3) 分析营运计划与执行的差异，追溯原因。

(4) 根据差异分析采取恰当的措施，并进行分析和报告。

企业应将营运监控分析的对象、目的、程序、评价及改进建议形成书面分析报告。分析报告按照分析的范围及内容可以分为综合分析报告、专题分析报告和简要分析报告；按照分析的时间分为定期分析报告和不定期分析报告。

企业应建立预警、督办、跟踪等营运监控机制，及时对营运监控过程中发现的异常情况进行通报、预警，按照PDCA管理原则督促相关责任人将工作举措落实到位。

企业可以建立信息报送、收集、整理、分析、报告等日常管理机制，保证信息传递的及时性和可靠性；建立营运监控管理信息系统、营运监控信息报告体系等，保证营运监控分析工作的顺利开展。

(五) 营运绩效管理

企业可以开展营运绩效管理，激励员工为实现营运管理目标做出贡献。

企业可以建立营运绩效管理委员会、营运绩效管理办公室等不同层级的绩效管理组织，明确绩效管理流程和审批权限，制定绩效管理制度。

企业可以以营运计划为基础，制定绩效管理指标体系，明确绩效指标的定义、计算口径、统计范围、绩效目标、评价标准、评价周期、评价流程等内容，确保绩效指标具体、可衡量、可实现、相关及具有明确期限。

绩效管理指标应以企业营运管理指标为基础，做到无缝衔接、层层分解，确保企业营运目标的落实。

第二节　本量利分析

一、本量利分析概述

本量利分析概念

本量利分析(cost-volume-profit analysis，CVP分析)，或者称为量本利分析(VCP分析)，是指以成本性态分析为基础，运用数学模型和图示，对成本、利润、业务量与单价等因素之间的依存关系进行分析，发现变动的规律性，为企业进行预测、决策、计划和控制等活动提供支持的一种方法。其中，"本"是指成本，包括固定成本和变动成本；"量"是指业务量，一般指销售量；"利"指利润，通常指税前利润。

本量利分析的基本公式如下。

$$利润=(单价-单位变动成本)\times销售量-固定成本$$

本量利分析主要用于企业生产决策、成本决策和定价决策，也可以广泛地用于投融资决策等。企业在营运计划的制订、调整及营运监控分析等程序中通常会应用到本量利分析。

目前，无论在国外还是国内，本量利分析的应用都十分广泛。本量利分析与经营风险分析相联系，可促使企业努力降低风险；与预测技术相结合，企业可进行保本预测、确保目标利润实现的业务量预测等；与决策融为一体，企业据此进行生产决策、定价决策和投资不确定性分析；企业还可以将其应用于全面预算、成本控制和责任会计。

二、本量利分析的假设条件

本量利的假设条件

本量利分析中所建立和应用的数学模型及图形，是以一定的基本假设为前提条件的，这些假设限定了本量利分析的应用范围，而且由于各种因素的影响，往往与实际情况不相符，如果忽视了这一点，特别是当假设不能成立时，就会造成本量利分析不当，导致做出错误的预测和决策。本量利分析的假设条件有以下几方面。

(一) 相关范围假设

相关范围假设包含以下两方面内容。

1. 期间假设

无论是固定成本还是变动成本，其固定性和变动性均表现在特定的期间内，其金额的大小也是在特定的期间内加以计量得到的。随着时间的推移，固定成本的总额及其内容会发生变化，变动成本的数额及其内容也会发生变化。

2. 业务量假设

固定成本和变动成本是在一定业务量范围内分析计量的结果，当业务量发生变化，特别是变化较大时，即使成本的性态不发生变化，也需要重新加以计量。

(二) 模型线性假设

模型线性假设包含以下3方面内容。

1. 固定成本不变假设

固定成本不变假设，即在企业经营能力或规模一定的前提下，固定成本是固定不变的，表示在平面直角坐标系中，就是一条与横轴平行的直线。

2. 变动成本与业务量呈完全的线性关系假设

变动成本与业务量呈完全的线性关系假设，即在平面直角坐标系中，就是一条过原点的直线，该直线的斜率就是单位变动成本。

3. 销售收入与销售数量呈完全的线性关系假设

销售收入与销售数量呈完全的线性关系假设，即在平面直角坐标系中，也是一条通过原点的直线，只不过该直线的斜率是销售单价。

(三) 产销平衡假设

假定企业只生产一种产品，并且生产出来的产品总是可以实现销售的，也就是产量与销量相等。

(四) 品种结构不变假设

品种结构不变是指各种产品的销售额占全部销售额的比重不变。当企业生产多种产品时，由于它们的获利能力一般不尽相同，若企业产销的品种结构发生较大的变动，势必会导致预计利润和实际利润之间发生差异，所以必须假定品种结构不变。

三、本量利分析的作用

本量利分析法是管理会计的基本方法之一，它在规划企业经济活动、正确进行经营决策和成本控制等方面具有广泛的作用，主要表现在以下几个方面。

本量利分析的
作用

(一) 进行保本分析

将本量利分析和预测技术结合起来，可以进行保本预测，确定保本销售量和保本销售额，进而预测利润，编制利润计划。

(二) 进行目标控制

将本量利分析用于目标控制，可以确定实现目标利润所需要控制的目标销售量、目标销售额及目标成本水平，从而有效地进行目标管理。

(三) 进行风险分析

将本量利分析和风险分析结合起来，可以分析企业的经营安全性指标，确定企业的安全状况，还可以促使企业重视经营杠杆作用，努力降低风险。

(四) 进行生产决策

通过本量利分析，可以进行生产工艺选择的决策、产品品种和生产数量的决策、产品竞争决策及定价决策等。

本量利分析除了上述的作用之外，还为标准成本制度和责任会计的应用等提供了理论准备。

四、本量利分析模型

(一) 单一产品本量利分析基本模型

本量利分析是成本性态分析的延伸，建立本量利基本模型涉及销售量 (x)、单价 (p)、单位变动成本 (b)、固定成本总额 (a)、目标利润 (P) 5个基本因素。即

本量利分析
模型

$$目标利润 = 单价 \times 销售量 - 单位变动成本 \times 销售量 - 固定成本$$

如果用符号表示，本量利基本模型可表示如下。

$$P = p \cdot x - b \cdot x - a$$

【例题3-1】M公司生产甲产品，单位售价为30元/件，单位变动成本为15元/件，固定成本总额为60 000元，预计销售量为10 000件，则：

$$目标利润 = 30 \times 10\,000 - 15 \times 10\,000 - 60\,000 = 90\,000(元)$$

(二) 单一产品本量利模型的变形

本量利分析基本模型互相联系的5个变量，给定其中的4个变量值，便可计算出剩余的变量。

1. 预测销售价格

$$销售价格 = (目标利润 + 固定成本) \div 销售量 + 单位变动成本$$

$$单价 = \frac{目标利润 + 固定成本}{销售量} + 单位变动成本$$

即
$$p = \frac{P+a}{x} + b$$

【例题3-2】M公司生产乙产品，预计销售量为5000件，单位变动成本为20元/件，固定成本总额为20 000元，目标利润为100 000元，则：

$$单价 = \frac{20\,000 + 100\,000}{5000} + 20 = 44(元)$$

2. 预测销售量

$$销售量 = \frac{目标利润 + 固定成本}{单价 - 单位变动成本}$$

即
$$x = \frac{P+a}{p-b}$$

【例题3-3】M公司生产丙产品，单位售价为30元/件，单位变动成本为18元/件，固定成本总额为40 000元，目标利润为80 000元，则：

$$销售量 = \frac{40\,000 + 80\,000}{30 - 18} = 10\,000(件)$$
$$销售额 = 30 \times 10\,000 = 300\,000(元)$$

3. 预测单位变动成本

$$单位变动成本 = 单价 - \frac{固定成本总额 + 目标利润}{销售量}$$

即
$$b = p - \frac{a+P}{x}$$

【例题3-4】M公司生产丁产品，预计销售量为5000件，单位售价为40元/件，固定成本总额为20 000元，目标利润为100 000元，则：

$$单位变动成本 = 40 - \frac{20\,000 + 100\,000}{5000} = 16(元)$$

4. 预测固定成本

$$固定成本 = 销售收入 - 变动成本 - 目标利润$$

即
$$a = px - bx - P$$

【例题3-5】M公司生产戊产品，预计销售量为5000件，单位售价为40元/件，单位变动成本为18元/件，目标利润为80 000元，则：

$$固定成本 = 40 \times 5000 - 18 \times 5000 - 80\,000 = 30\,000(元)$$

(三) 多种产品下的本量利模型

现实生活中，企业生产产品是多种多样的，其本量利模型如下。

目标利润 = 产品销售收入合计 − 产品变动合成合计 − 固定成本总额

假设 i 为产品品种，n 为产品品种总数，则：

$$P = \sum_{i=1}^{n} p_i x_i - \sum_{i=1}^{n} b_i x_i - a$$

五、本量利分析的相关指标

本量利分析中经常用到的指标是边际贡献。边际贡献又称贡献毛益、贡献边际、临界收益等，是指销售收入减去变动成本之后的余额。在本量利分析中，边际贡献是一个非常重要的指标，也是评价企业盈利能力的重要指标。

本量利相关指标

(一) 单位边际贡献

单位边际贡献的计算公式如下。

单位边际贡献 = 单价 − 单位变动成本

即
$$cm = p - b$$

其中，cm 为单位边际贡献。

(二) 边际贡献

边际贡献通常指边际贡献总额，是指销售收入减去变动成本总额后的差额。其计算公式如下。

边际贡献 = 销售收入 − 变动成本

即
$$Tcm = px - bx = (p - b)x = cm \times x$$

其中，Tcm 为边际贡献。

(三) 边际贡献率

边际贡献率，是指产品的边际贡献总额占销售收入总额的比率，也等于单位边际贡献与单价之比。

边际贡献率是反映企业产品盈利能力的一个相对数指标，它表明每增加一元的销售额为企业带来的边际贡献。其计算公式如下。

$$边际贡献率 = \frac{边际贡献}{销售收入} \times 100\%$$

即
$$cmR = \frac{Tcm}{px} \times 100\%$$

或

$$边际贡献率 = \frac{单位边际贡献}{单价} \times 100\%$$

即

$$cmR = \frac{cm}{p} \times 100\% = \frac{p-b}{p} \times 100\%$$

(四) 变动成本率

变动成本率，是指产品的变动成本总额与销售收入之间的比率，又等于单位变动成本与单价之比。它表明每增加一元销售收入所增加的变动成本。其计算公式如下。

$$变动成本率 = \frac{变动成本}{销售收入} \times 100\% = \frac{单位变动成本}{单价} \times 100\%$$

即

$$bR = \frac{bx}{px} \times 100\% = \frac{b}{p} \times 100\%$$

其中bR为变动成本率。

(五) 边际贡献率与变动成本率的关系

由于边际贡献等于销售收入总额减去变动成本总额，而边际贡献率是边际贡献占销售收入的百分比，变动成本率是变动成本占销售收入的百分比，因此可以得出以下关系。

$$边际贡献率 + 变动成本率 = \frac{边际贡献总额}{销售收入总额} + \frac{变动成本总额}{销售收入总额} = 1$$

或

$$边际贡献率 + 变动成本率 = \frac{单位边际贡献}{单价} + \frac{单位变动成本}{单价} = 1$$

即

$$cmR + bR = 1$$

从上述推导可以看出，边际贡献率与变动成本率存在互补关系。若企业变动成本率低，则边际贡献率高，创利能力强；反之，若变动成本率高，则边际贡献率低，创利能力弱。

【例题3-6】M公司生产甲产品，单位售价为30元/件，单位变动成本为15元/件，固定成本总额为60 000元，预测销售量为10 000件。

$$销售收入 = 30 \times 10\,000 = 300\,000(元)$$

$$边际贡献 = 30 \times 10\,000 - 15 \times 10\,000 = 150\,000(元)$$

$$变动成本 = 15 \times 10\,000 = 150\,000(元)$$

$$边际贡献率 = \frac{150\,000}{300\,000} \times 100\% \; (或者 = \frac{30-15}{30} \times 100\%) = 50\%$$

$$变动成本率 = \frac{150\,000}{300\,000} \times 100\% \; (或者 = \frac{15}{30} \times 100\%) = 50\%$$

$$预计目标利润 = 30 \times 10\,000 - 15 \times 10\,000 - 60\,000 = 90\,000(元)$$

第三节 保本分析

保本点也称为盈亏临界点、盈亏平衡点、损益平衡点，是指企业生产经营过程中达到不盈不亏状态的销售量或销售额。保本点是企业达到保本状态时的业务量的总称，也就是企业的销售收入正好等于全部成本的点。在这一点时边际贡献总额与固定成本总额正好相等，企业处于不盈不亏、损益平衡的状态。换言之，在保本点上企业的销售收入正好补偿全部固定成本和变动成本。保本点分析的主要内容包括保本点的确定、盈亏平衡图、相关因素变动对保本点的影响、保利点分析4个方面。

一、保本点的确定

(一) 单一保本点的计算

根据保本点的定义，保本点即企业处于不盈不亏，利润为零时的状态，可表示如下。

保本点的确定

$$目标利润 = 单价 \times 销售量 - 单位变动成本 \times 销售量 - 固定成本总额 = 0$$

由此可以推导出：

$$保本点销售量 = \frac{固定成本}{单价 - 单位变动成本} = \frac{固定成本}{单位边际贡献}$$

$$保本点销售额 = 单价 \times 保本点销售量$$

或

$$保本点销售额 = \frac{固定成本}{边际贡献率}$$

【例题3-7】M公司生产甲产品，单位售价为30元/件，单位变动成本为15元/件，固定成本总额为60 000元，则：

$$单位边际贡献 = p - b = 30 - 15 = 15(元)$$

$$边际贡献率 = \frac{p-b}{p} = \frac{30-15}{30} \times 100\% = 50\%$$

$$变动成本率 = \frac{15}{30} \times 100\% = 50\%$$

$$保本点销售量 = \frac{a}{p-b} = \frac{60\,000}{30-15} = 4000(件)$$

$$保本点销售额 = 30 \times 4000 = 120\,000(元)$$

或

$$保本点销售额 = \frac{60\,000}{50\%} = 120\,000(元)$$

(二) 多品种保本点的计算

现实生活中，多数企业生产的产品品种是多样的。对生产经营多种品种的企业，必须采用一定方法来确定多种产品的综合保本点和每一种产品的保本点。常用的方法有加权平均边际贡献率法、综合边际贡献率法和分别计算法。

1. 加权平均边际贡献率法

加权平均边际贡献率法是在明确各产品的边际贡献率基础上，以各种产品的销售比例为权数进行加权平均。计算加权平均的边际贡献率，将固定成本总额与加权平均贡献率相比，即可得到全部产品的综合保本点销售额，然后再按各产品的销售比例对综合保本点销售额进行分配，计算出各产品保本点销售额和销售量。其计算公式如下。

$$加权平均边际贡献率 = \sum (某产品的边际贡献率 \times 该产品的销售比重)$$

$$综合保本点销售额 = \frac{固定成本}{加权平均边际贡献率}$$

$$某产品的保本点销售额 = 该产品的销售比重 \times 综合保本点销售额$$

$$某产品的保本点销售量 = \frac{该产品的保本点销售额}{该产品的单价}$$

【例题3-8】M公司计划生产甲、乙、丙3种产品，各产品的相关资料如表3-1所示。假定M公司的固定成本总额为225 000元。请计算M公司的保本点销售额，并计算甲、乙、丙3种产品各自的保本点销售额和销售量。

表3-1　甲、乙、丙产品资料1

项目	甲	乙	丙	合计
单价(元/件)	20	30	50	
单位变动成本(元/件)	12	15	30	
单位边际贡献	8	15	20	
边际贡献率	40%	50%	40%	
销售量(件)	12 000	20 000	7200	
销售额	240 000	600 000	360 000	1 200 000
销售比重	20%	50%	30%	100%
边际贡献额	96 000	300 000	144 000	540 000

该公司的保本点计算如下。

$$加权平均边际贡献率 = 40\% \times 20\% + 50\% \times 50\% + 40\% \times 30\% = 45\%$$

$$综合保本点销售额 = \frac{225\,000}{45\%} = 500\,000(元)$$

甲、乙、丙3种产品各自的保本点销售额和销售量如下。

$$甲产品的保本点销售额 = 500\,000 \times 20\% = 100\,000(元)$$

$$甲产品的保本点销售量 = \frac{100\,000}{20} = 5000(件)$$

$$乙产品的保本点销售额 = 500\,000 \times 50\% = 250\,000(元)$$

$$乙产品的保本点销售量 = \frac{250\,000}{30} = 8333(件)$$

$$丙产品的保本点销售额 = 500\,000 \times 30\% = 150\,000(元)$$

$$丙产品的保本点销售量 = \frac{150\,000}{50} = 3000(件)$$

加权平均边际贡献率法一般适用于企业的固定成本无法按照某一合理的标准分配到各产品上，各种产品的销售比重保持稳定的情况。

上述甲、乙、丙3种产品的销售比重如果发生变化，加权平均边际贡献率就会变化，必然造成保本点随之变动。其变动规律为：如果边际贡献率高的产品销售比重提高，边际贡献率低的产品销售比重降低，实际保本点就会下降，企业的利润就会提高；相反，如果边际贡献率高的产品销售比重降低，边际贡献率低的产品销售比重增加，保本点就会上升，企业的利润就会减少。因此，多品种条件下保本点确定时应假定产品销售结构保持不变。

2. 综合边际贡献率法

综合边际贡献率法，是指将一定时期(如1年)内各种产品的边际贡献总额除以销售收入总额来计算综合边际贡献率，然后根据综合边际贡献率测算综合保本点销售额，最后再根据各产品销售比重分别计算各产品的保本点。其计算公式如下。

$$综合边际贡献率 = \frac{各产品边际贡献之和}{各产品销售收入之和}$$

$$综合保本点销售额 = \frac{固定成本总额}{综合边际贡献率}$$

【例题3-9】M公司计划生产甲、乙、丙3种产品，计划年度预计固定成本总额为270 000元，其他有关资料如表3-2所示。请计算综合边际贡献率和综合保本点销售额，并计算甲、乙、丙3种产品各自的保本销售额和销售量。

表3-2　甲、乙、丙产品资料2

品种项目	销售量	单价	单位变动成本	销售收入	边际贡献	边际贡献率	销售比重
甲产品	10 000	20	10	200 000	100 000	50%	16.67%
乙产品	20 000	30	18	600 000	240 000	40%	50%
丙产品	8000	50	25	400 000	200 000	50%	33.33%
合计	—	—	—	1 200 000	540 000	—	—

$$综合边际贡献率 = \frac{540\,000}{1\,200\,000} \times 100\% = 45\%$$

$$综合保本点销售额 = \frac{270\,000}{45\%} = 600\,000(元)$$

$$甲产品保本销售额 = 600\,000 \times 16.67\% = 100\,020(元)$$

$$甲产品保本销售量 = 100\,020 \div 20 = 5001(件)$$

$$乙产品保本销售额 = 600\,000 \times 50\% = 300\,000(元)$$

$$乙产品保本销售量 = 300\,000 \div 30 = 10\,000(件)$$

$$丙产品保本销售额 = 600\,000 - 100\,020 - 300\,000 = 199\,980(元)$$

$$丙产品保本销售量 = 199\,980 \div 50 = 4000(件)$$

注意，使用倒挤法计算丙产品的保本销售额结果更准确。

3. 分别计算法

分别计算法是指在一定条件下，将企业全部固定成本按一定标准在各产品之间进行分配，计算每种产品的保本点销售额，然后再计算保本点销售量。

分别计算法的关键是合理分配固定成本，分配时需要区分专属成本和共同成本。专属成本是指专属于某种产品生产时发生的成本，如某种产品生产专用设备的折旧费和基本维修费对专属成本要直接分配。共同成本是指应由多种产品共同负担的成本，通常要选择合理的分配标准进行分配，分配标准的选择对象有销售量(额)边际贡献、标准工时、原材料耗用量等。如果产品种类过多，还可将边际贡献率相同或相近的产品归为一类，按类别测算保本点。其计算公式如下。

$$某产品分摊的固定成本 = 该产品的专属成本 + 分配的固定成本$$

$$某产品的保本点销售量 = \frac{某产品分摊的固定成本}{该产品的单位边际贡献}$$

$$某产品的保本点销售额 = 某产品的保本点销售量 \times 该产品的单价$$

【例题3-10】M公司计划生产甲、乙、丙3种产品，各产品的相关资料如表3-3所示。M公司的固定成本总额为225 000元，假定甲、乙、丙3种产品的专属固定成本分别为10 000元、28 000元、25 000元，其余为共同的固定成本。请分别计算甲、乙、丙3种产品的保本点。

表3-3 甲、乙、丙产品资料3

项目	甲	乙	丙	合计
单价(元/件)	20	30	50	—
单位变动成本(元/件)	12	15	30	—
单位边际贡献	8	15	20	—
边际贡献率	40%	50%	40%	—
销售量(件)	12 000	20 000	7200	—
销售额	240 000	600 000	360 000	1 200 000

(续表)

项目	甲	乙	丙	合计
销售比重	20%	50%	30%	100%
边际贡献额	96 000	300 000	144 000	540 000

甲、乙、丙3种产品共同的固定成本 = 225 000 − 10 000 − 28 000 − 25 000 = 162 000(元)

$$甲产品应分摊的固定成本 = 10\,000 + \frac{162\,000}{540\,000} \times 96\,000 = 38\,800(元)$$

$$乙产品应分摊的固定成本 = 28\,000 + \frac{162\,000}{540\,000} \times 300\,000 = 118\,000(元)$$

$$丙产品应分摊的固定成本 = 25\,000 + \frac{162\,000}{540\,000} \times 144\,000 = 68\,200(元)$$

$$甲产品保本点销售量 = \frac{38\,800}{8} = 4850(件)$$

$$甲产品保本点销售额 = 4850 \times 20 = 97\,000(元)$$

$$乙产品保本点销售量 = \frac{118\,000}{15} = 7867(件)$$

$$乙产品保本点销售额 = 7867 \times 30 = 236\,010(元)$$

$$丙产品保本点销售量 = \frac{68\,200}{20} = 3410(件)$$

$$丙产品保本点销售额 = 3410 \times 50 = 170\,500(元)$$

二、盈亏平衡图

前面我们用数量化模型揭示了成本、业务量和利润之间的依存关系，为了更加直观地反映本量利之间的内在规律，可以利用盈亏平衡图反映三者之间的线性关系。盈亏平衡图一般有以下3种形式。

(一) 基本式的盈亏平衡图

基本式的盈亏平衡图如图3-1所示，该图的特点是变动成本置于固定成本的上方，可以直观地看到盈亏平衡点(保本点)。盈亏平衡点在y轴上对应的金额就是盈亏平衡点销售额，在x轴上对应的数量就是盈亏平衡点销售量。当在盈亏平衡点上时，企业不盈不亏，损益平衡。当现行或预计的销售量(销售额)超过盈亏平衡点，便有盈利，销售量越大，利润越多；反之，当现行或预计的销售量(销售额)低于盈亏平衡点时，便为亏损，销售量越小，亏损越大。

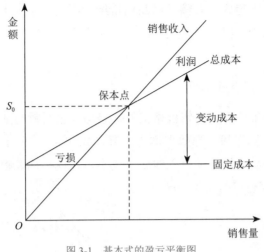

图 3-1　基本式的盈亏平衡图

(二) 边际贡献式的盈亏平衡图

边际贡献式的盈亏平衡图如图3-2所示,该图的特点是固定成本置于变动成本的上方,可反映企业在不同销售量或不同销售额下的边际贡献水平,并且能非常清楚地反映边际贡献与固定成本之间的关系。当在盈亏平衡点上时,现行或预计的销售量(销售额)的边际贡献正好等于固定成本,企业损益平衡;当现行或预计的销售量(销售额)的边际贡献大于固定成本时,便有盈利,销售量越大,利润越多;反之,当现行或预计的销售量(销售额)低于平衡点时,便为亏损,销售量越小,亏损越大。

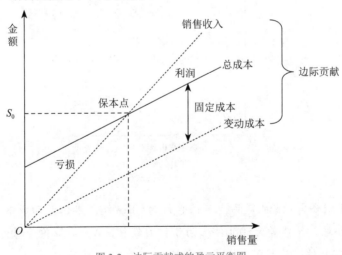

图 3-2　边际贡献式的盈亏平衡图

三、相关因素变动对保本点的影响

相关因素变动对保本点的影响

保本点的确定是建立在一系列严格的基本假设基础上的,如假设销售价格、单位变动成本和固定成本总额及产品销售结构不变。事实上，这些因素是经常变动的，并由此引起保本点的升降。了解这些因素对保本点的影响非常重要，管理者可以据此做出正确的决策。

（一）单价变动对保本点的影响

在其他因素不变的条件下，销售价格上升，会增大销售额与业务量之间的比例，使收入线斜率变大，往纵坐标靠拢，导致保本点下降，如图3-3(a)所示；销售价格下降，会缩小销售额与业务量之间的比例，使收入线斜率变小，往横坐标靠拢，导致保本点上升，如图3-3(b)所示。通过计算也可得出相同结论。

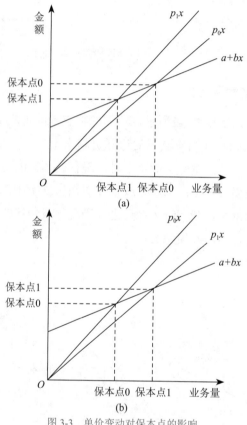

图 3-3　单价变动对保本点的影响

【例题3-11】M公司产销A产品，单位售价为50元/件，单位变动成本为30元/件，固定成本总额为45 000元，销售量为5000件。为了扩大销售，A产品降价至每件45元出售，预计销售量可增加到7000件。试对保本点进行分析。

$$降价前保本销售量 = \frac{45\,000}{50-30} = 2250(件)$$

$$降价后保本销售量 = \frac{45\,000}{45-30} = 3000(件)$$

价格下降5元/件，使保本点销售量上升了750件。保本销售额同时也上升了3750元

(750×5)。

$$降价前的利润 = (5000 - 2250) \times (50 - 30) = 55\,000(元)$$
$$降价后的利润 = (7000 - 3000) \times (45 - 30) = 60\,000(元)$$

虽然价格下降使单位边际贡献减少5元，但因销售量扩大使利润增加了5000元$(60\,000 - 55\,000)$，所以只要生产能力允许，可以采用降价策略。

(二) 单位变动成本变动对保本点的影响

在其他因素不变的条件下，单位变动成本上升，会使变动成本与业务量之间的比例增高，使成本线斜率变大，往纵坐标方向靠拢，导致保本点上升，如图3-4(a)所示；单位变动下降，会缩小变动成本与业务量之间的比例，使成本线斜率变小，往横坐标方向靠拢，导致保本点下降，如图3-4(b)所示。通过计算也可得出相同结论。

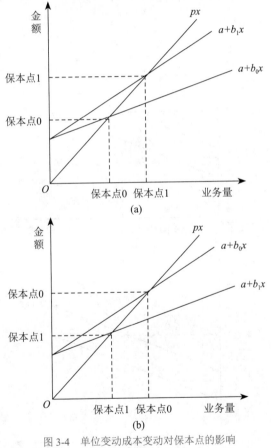

图 3-4　单位变动成本变动对保本点的影响

【例题3-12】M公司产销A产品，单位售价为50元/件，单位变动成本为30元/件，固定成本总额为45 000元，销售量为5000件。为了扩大销售，A产品降价至每件45元出售，预计销售量可增加到7000件。

其他因素不变，预计因原材料价格上涨会使单位变动成本上升10%。试对保本点进行分析。

$$原材料涨价前保本点销售量 = \frac{45\,000}{50 - 30} = 2250(件)$$

$$原材料涨价后保本点销售量 = \frac{45\,000}{50 - 30 \times (1 + 10\%)} = 2647(件)$$

由于单位变动成本因原材料涨价而上升10%，使保本点销售量从2250件上升到2647件，多出397件。

(三) 固定成本变动对保本点的影响

在其他因素不变的条件下，固定成本总额上升会抬高成本线的位置，导致保本点上升，如图3-5(a)所示；固定成本下降会降低成本线的位置，导致保本点下降，如图3-5(b)所示。通过计算也可得出相同结论。

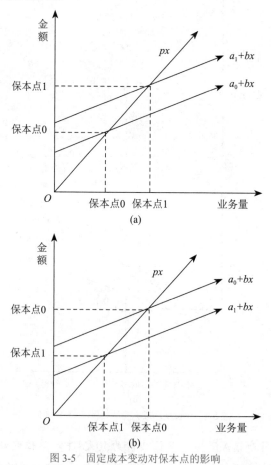

图 3-5　固定成本变动对保本点的影响

【例题3-13】M公司产销A产品，单位售价为50元/件，单位变动成本为30元/件，固定成本总额为45 000元，销售量为5000件。为了扩大销售，A产品降价至每件45元出售，预计销售量可增加到7000件。其他因素不变，固定成本降低到40 000元，试对保本点进行分析。

$$保本点销售量 = 2250(件)$$

$$固定成本降低后的销售量 = \frac{40\,000}{50-30} = 2000(件)$$

由于固定成本下降了5000元，使保本点销售量从2250件下降到2000件，减少250件。

(四) 产品销售结构变动对保本点的影响

在销售多种产品的情况下，因为各种产品的边际贡献通常是不一样的，因此产品组合的变动也会对保本点产生影响。例如，在利用加权平均贡献率测算保本点的方式下：

$$综合保本点销售额 = \frac{固定成本总额}{加权平均边际贡献率}$$

如果固定成本总额不变，综合保本点销售额取决于加权平均边际贡献率的高低。加权平均边际贡献率高，综合保本点销售额就低；加权平均边际贡献率低，综合保本点销售额就高。

$$加权平均边际贡献率 = \sum(某产品的边际贡献率 \times 该产品的销售比重)$$

因此，当各种产品的边际贡献率确定时，增大边际贡献率高的产品的销售比重，便能提高加权平均边际贡献率，从而使保本点降低；减少边际贡献率高的产品的销售比重，便会降低加权平均边际贡献率，从而使保本点上升。

【例题3-14】M公司生产甲、乙两种产品，甲产品销售单价为60元/件，单位变动成本为42元/件，销售比重为50%；乙产品销售单价为80元/件，单位变动成本为48元/件，销售比重为50%；公司固定成本总额为14 000元。如果将乙产品的销售比重增加到70%，试对保本点进行分析。

$$销售结构变动前的加权平均贡献率 = \frac{60-42}{60} \times 50\% + \frac{80-48}{80} \times 50\% = 35\%$$

$$综合保本点销售额 = \frac{14\,000}{35\%} = 40\,000(元)$$

$$销售结构变动后的加权平均贡献率 = \frac{60-42}{60} \times 30\% + \frac{80-48}{80} \times 70\% = 37\%$$

$$综合保本点销售额 = \frac{14\,000}{37\%} = 37\,838(元)$$

因为乙产品的边际贡献率大于甲产品，所以乙产品的销售比重提高，加权平均边际贡献率会提高，进而导致综合保本点销售额降低。

四、保利点分析

保利点分析又称为目标利润预测分析，其揭示了目标利润为零的情况下

保利点分析

业务量与单价、单位变动成本和固定成本总额等因素之间的内在联系。企业管理的目标是生存、发展和获利，所以保本是远远不够的，在保本点分析基础之上进行目标利润预测才是本量利分析的根本。

(一) 保利点的确定

保利点分析就是在保本点分析的基础上，分析计算为确保目标利润能够实现而应达到的销售量或销售额。因此，保利点是指在单价和成本水平确定的情况下，为确保目标利润能够实现而应该达到的销售量或销售额的总称。

本量利基本模型的公式如下。

$$目标利润=(销售单价-单位变动成本)\times销售量-固定成本总额$$

实现目标利润的销售量可以称为保利量，其公式如下。

$$保利量=\frac{固定成本+目标利润}{单位边际贡献}$$

实现目标利润的销售额称为保利额，其公式如下。

$$保利额=\frac{固定成本+目标利润}{边际贡献率}$$

【例题3-15】M公司生产B产品，单价80元，单位变动成本为40元/件，固定成本为20 000元，目标利润为200 000元。请计算保利点销售量和保利点销售额。

$$保利点销售量=\frac{20\,000+200\,000}{80-40}=5500(件)$$

$$保利点销售额=\frac{20\,000+200\,000}{50\%}=440\,000(元)$$

(二) 保净利点的确定

目标利润通常是指税前利润。对企业来说，扣除所得税后的净利润才是可以支配的资金。因此，扣除企业所得税之后的保净利点更具有现实性。

由于

$$目标利润=\frac{税后净利润}{1-所得税税率}$$

所以

$$保净利点销售量=\frac{固定成本+\dfrac{净利润}{1-所得税税率}}{单位边际贡献}$$

$$保净利点销售额=\frac{固定成本+\dfrac{净利润}{1-所得税税率}}{单位边际贡献率}$$

【例题3-16】M公司生产B产品，单价80元，单位变动成本为40元/件，固定成本为20 000元，税后净利润为150 000元，所得税税率为25%。请计算保净利点销售量和保净利点销售额。

$$边际贡献率 = \frac{80-40}{80} \times 100\% = 50\%$$

$$保净利点销售量 = \frac{20\,000 + \dfrac{150\,000}{1-25\%}}{80-40} = 5500(件)$$

$$保利点销售额 = \frac{20\,000 + \dfrac{150\,000}{1-25\%}}{50\%} = 440\,000(元)$$

(三) 相关因素变动对目标利润的影响

保利点分析是保本点分析的拓展，影响保本点变化的各有关因素，如单价、单位变动成本、固定成本会影响目标利润的实现。此外，保利点还受目标利润及所得税税率的影响。

1. 单价变动对目标利润的影响

【例题3-17】M公司生产甲产品，计划年度目标利润为200 000元，全年固定成本为50 000元，甲产品的销售单价为40元，单位变动成本为20元/件。

要求：

(1) 计算保利点销售量和保利点销售额。

(2) 假设销售单价由40元/件下降为30元/件，其他条件不变，则保利点销售量和保利点销售额为多少？

$$边际贡献率 = \frac{40-20}{40} \times 100\% = 50\%$$

$$保利点销售量 = \frac{50\,000 + 200\,000}{40-20} = 12\,500(件)$$

$$保利点销售额 = \frac{50\,000 + 200\,000}{50\%} = 500\,000(元)$$

当产品价格下降到30元/件时：

$$边际贡献率 = \frac{30-20}{30} \times 100\% = 33.33\%$$

$$保利点销售量 = \frac{50\,000 + 200\,000}{30-20} = 25\,000(件)$$

$$保利点销售额 = \frac{50\,000 + 200\,000}{33.33\%} = 750\,075(元)$$

$$目标利润差额 = -(25\,000 - 12\,500) \times 30 = -375\,000(元)$$

当甲产品的价格下降到30元时，销售量需要由12 500件达到25 000件才可以实现目标利润。

2. 单位变动成本对目标利润的影响

【例题3-18】M公司生产甲产品，计划年度目标利润为200 000元，全年固定成本为50 000元，甲产品的销售单价为40元，单位变动成本为20元/件。

假设单位变动成本由20元/件下降为10元/件，其他条件不变，则保利点销售量和保利点销售额为多少？

$$边际贡献率 = \frac{40-10}{40} \times 100\% = 75\%$$

$$保利点销售量 = \frac{50\,000 + 200\,000}{40 - 10} = 8334(件)$$

$$保利点销售额 = \frac{50\,000 + 200\,000}{75\%} = 333\,334(元)$$

可以看到，单位变动成本与目标利润变化方向相反。

3. 固定成本变动对目标利润的影响

【例题3-19】M公司生产甲产品，计划年度目标利润为200 000元，全年固定成本为50 000元，甲产品的销售单价为40元，单位变动成本为20元/件。

假设固定成本由50 000元下降为40 000元，其他条件不变，则保利点销售量和保利点销售额是多少？

$$边际贡献率 = \frac{40-20}{40} \times 100\% = 50\%$$

$$保利点销售量 = \frac{40\,000 + 200\,000}{40 - 20} = 12\,000(件)$$

$$保利点销售额 = \frac{40\,000 + 200\,000}{50\%} = 480\,000(元)$$

4. 所得税税率变动对目标利润的影响

如果企业的目标利润确定为税后目标利润，那么所得税税率的变动也会对税前目标利润产生影响。

【例题3-20】M公司生产甲产品，计划年度实现税后目标利润为150 000元，全年固定成本为50 000元，甲产品的销售单价为40元，单位变动成本为20元/件。请计算实现税前目标利润的销售量。

$$目标利润销售量 = \frac{50\,000 + \dfrac{150\,000}{1 - 25\%}}{40 - 20} = 12\,500(件)$$

如果企业所得税税率由25%降为20%，则实现目标利润的销售量如下。

$$目标利润销售量 = \frac{50\,000 + \dfrac{150\,000}{1-20\%}}{40-20} = 11\,875(件)$$

可见，所得税税率降为20%后，M公司只需要销售11 875件产品即可实现目标利润。

5. 多种因素变动对目标利润的影响

以上分析是假设影响目标利润的诸因素中只有其中一个因素变动，其他因素不变，而现实中往往是诸因素联动的，如：降价会降低单位产品边际贡献，但会增加销量，有可能会使边际贡献总额增加；销量增加到突破现有生产能力又往往需要增加生产设备，这就会使折旧费用等固定成本增加；提升产品功能和质量可以扩大市场份额，但可能又会使广告费、单位变动成本等增加。因此，企业应采取综合措施，反复权衡和测算以确保目标利润实现。

【例题3-21】M公司生产和销售一种产品。基期销售产品48 000件，产品单价50元，单位变动成本为25元，固定成本总额为700 000元，实现税前利润500 000元。计划年度的税前目标利润定为650 000元。若其他条件均可保持不变，请计算实现目标利润的销售量。

$$实现目标利润的销售量 = \frac{700\,000 + 650\,000}{50-25} = 54\,000(件)$$

如果计划年度各个因素的变化较为复杂，则我们假设上例中的企业采取了如下步骤以求实现目标利润。

(1) 经生产部门分析确认现有生产能力产量只能达到53 000件，如增加生产设备会增加固定成本80 000元。同时销售部门也提出由于市场上同类竞争性产品增加，销售价格至少应下降2%，且固定性广告推广费用预计增加10 000元，预计销量最高可达52 000件。因此，计划年度预计可实现利润如下。

$$可实现利润 = 52\,000 \times [50 \times (1-2\%) - 25] - 710\,000 = 538\,000(元)$$

可实现利润与目标利润相差112 000元。

(2) 生产部门考虑在成本开支上是否有潜力可挖。经分析基期预算考核结果并结合计划年度有关因素得出：固定性管理费用预计可降低34 000元。在上述产销量和单价已无潜力可挖掘的情况下，目标利润缺口仍然有78 000元(112 000 - 34 000)，这一缺口只能从"单位变动成本"上下功夫了。实现目标利润的单位变动成本测算如下。

$$单位变动成本 = \frac{单价 \times 销售量 - 固定成本 - 目标利润}{销售量}$$

$$单位变动成本 = \frac{49 \times 52\,000 - 676\,000 - 650\,000}{52\,000} = 23.5(元/件)$$

也就是说，如果单位变动成本能从25元降为23.5元，则目标利润可以实现。生产部门经过分析测算可以通过使用替代性材料降低直接材料成本，测算结果是可降低单位产品直接材料成本1.6元，从而实现目标利润如下。

$$目标利润 = 52\,000 \times (49 - 23.4) - 676\,000 = 655\,200 > 650\,000(元)$$

经过反复测算，在产销量增至52 000件、单价降低2%、固定成本压缩到24 000元(34 000-10 000)、单位变动成本降至23.5元的综合措施下，目标利润可以实现。

第四节　边际分析

一、安全边际指标

安全边际指标

安全边际(margin of safety)，是指企业现有或预计的销售量(额)与特定时期的保本点业务量(额)之间的差量所确定的定量指标，包括绝对量和相对量两种形式。安全边际用于反映企业经营的安全程度，一般用以下3个指标表示。

(一) 安全边际量

安全边际量是从业务量的维度来反映安全边际，是绝对量指标，其计算公式如下。

$$安全边际量 = 现有或预计销售量 - 保本销售量$$

(二) 安全边际额

安全边际额是从销售额的绝对数来反映安全边际，是绝对量指标，其计算公式如下。

$$安全边际额 = 现有或预计销售额 - 保本销售额$$

(三) 安全边际率

安全边际率又称安全边际相对量(记作MSR)，是安全边际量(额)占现有或预计销售量(额)的百分比，其计算公式如下。

$$安全边际率 = \frac{安全边际量}{现有或预计销售量} \times 100\% = \frac{安全边际额}{现有或预计销售额} \times 100\%$$

安全边际率是一个正向指标。安全边际率越大，表明企业经营的安全程度越高；安全边际率越小，表明企业经营的安全程度越低。我们根据安全边际率的不同，将企业经营的安全程度进行划分，如表3-4所示。

表3-4　企业经营安全程度

安全边际率	40%以上	30%~40%	20%~30%	10%~20%	10%以下
安全等级	很安全	安全	较安全	不安全	危险

表3-4中，安全边际率与安全等级的对应关系只是一个参考。不同行业或不同经营对象与经营环境下，安全边际率与安全等级之间的对应关系会有所不同，并且安全边际只是从盈亏角度来评价企业经营的安全性，并不能总括说明企业经营的安全程度。

【例题3-22】M公司生产销售甲产品，销售单价为40元/件，已知甲产品的保本销售量为2000件，保本销售额为80 000元，预计能实现的正常销售量为4000件。请计算M公司甲产品的安全边际率。

$$安全边际量 = 4000 - 2000 = 2000(件)$$

$$安全边际额 = 40 \times 4000 - 80\,000 = 80\,000(元)$$

$$安全边际率 = \frac{2000}{4000} \times 100\% 或 = \frac{80\,000}{160\,000} \times 100\% = 50\%$$

二、保本作业率指标

某些西方企业不考虑安全边际率，而是利用"保本作业率"指标来评价企业的经营安全程度。

保本作业率又称为危险率(danger rate，dR)，是指保本点业务量(额)占现有或预计销售业务量(额)的百分比，该指标是一个反向指标。保本作业率越大，表明企业经营的安全程度越低；保本作业率越小，表明企业经营的安全程度越高。其计算公式如下。

保本作业率指标

$$保本作业率 = \frac{保本业务量(额)}{现有或预计销售量(额)} \times 100\%$$

三、安全边际率与保本作业率之间的关系

在产销一致的情况下，保本作业率与安全边际率具有互补关系，关系式如下。

$$保本作业率 + 安全边际率 = 1$$

【例题3-23】假定M公司安全边际量为2000件，预计可实现的销售量为5000件。请计算M公司的保本作业率。

$$安全边际率 = \frac{2000}{5000} \times 100\% = 40\%$$

$$保本作业率 = 1 - 安全边际率 = 1 - 40\% = 60\%$$

或 $$保本业务量 = 5000 - 2000 = 3000(件)$$

$$保本作业率 = \frac{3000}{5000} \times 100\% = 60\%$$

四、安全边际与销售利润之间的关系

安全边际与销售利润之间存在如下关系。

$$目标利润=边际贡献率×安全边际额$$

推导过程如下。

$$
\begin{aligned}
目标利润 &= (单价-单位变动成本)×销售量-固定成本 \\
&= 单位边际贡献×(保本销售量+安全边际量)-固定成本 \\
&= (单位边际贡献×保本销售量-固定成本)+单位边际贡献×安全边际量 \\
&= 单位边际贡献×安全边际量 \\
&= 边际贡献率×安全边际额
\end{aligned}
$$

$$
\begin{aligned}
预计销售利润率 &= \frac{目标利润}{预计销售收入} \\
&= \frac{边际贡献率×安全边际额}{预计销售收入} \\
&= 边际贡献率×\frac{安全边际额}{预计销售收入} \\
&= 边际贡献率×安全边际率
\end{aligned}
$$

【例题3-24】 M公司单位边际贡献为20元/件，边际贡献率为40%，安全边际率为60%，安全边际量为7500件，安全边际额为375 000元。请计算M公司的目标利润和预计销售利润率。

$$目标利润=20×7500=40%×375\,000=150\,000(元)$$
$$预计销售利润率=40%×60%=24%$$

第五节 敏感性分析

敏感性分析是一种应用广泛的分析方法，其研究的是，当一个系统周围的条件发生变化时，该系统的状态发生了怎样的变化，是敏感(变化大)还是不敏感(变化小)。在一个确定的模型有了最优解后，敏感性分析研究的是该模型中的某个或某几个参数允许变化到怎样的数值(最大或最小)原最优解仍能保持不变；或者当某个参数的变化已经超出允许范围、原有的最优解不再"最优"时，怎样用简捷的方法重新求得最优解。

敏感性分析

从前面的盈亏临界点分析和实现目标利润分析中可以看出，销售量、单价、单位变动成本、固定成本诸因素中的某个或某几个因素的变动，都会对盈亏临界点和目标利润产生影响。但由于各因素在计算盈亏临界点和目标利润的过程中作用不同，影响程度也会不一样，或者说盈亏临界点和目标利润对不同因素变动所做出的反应在敏感性上存在差异。

本量利关系中的敏感性分析主要是研究两方面的问题：一是有关因素发生多大变化时会使企业由盈利变为亏损；二是有关因素变化对利润变化的影响程度。

一、有关因素临界值的确定

销售量、单价、单位变动成本和固定成本的变化都会对利润产生影响。当这种影响是消极的且达到一定程度时，就会使企业的利润为零而进入盈亏临界状态；如果这种变化超出上述程度，企业就转入了亏损状态，发生了质的变化。敏感性分析的目的就是确定能引起这种质变的各因素变化的临界值。简单来说，就是求取达到盈亏临界点的销售量和单价的最小允许值及单位变动成本和固定成本的最大允许值，所以，这种方法也称为最大最小法。

由实现目标利润的模型 $P = px - bx - a$，可以推导出当P为零时求取最大、最小值的有关公式如下。

$$p = \frac{bx + a}{x}$$

$$b = \frac{px - a}{x}$$

$$x = \frac{a}{p - b}$$

$$a = px - bx$$

【例题3-25】M公司生产和销售甲产品，计划年度内预计有关数据如下：销售量为5000件，单价为50元，单位变动成本为20元，固定成本为60 000元，则目标利润如下。

$$P = 5000 \times (50 - 20) - 60\,000 = 90\,000(元)$$

(一) 销售量的临界值(最小值)

计算销量的临界值(最小值)如下。

$$x = \frac{a}{p - b} = \frac{60\,000}{50 - 20} = 2000(件)$$

即产品销量的最小允许值(即盈亏临界点销售)为2000件，低于2000件则会发生亏损；或者说，实际销量只要达到计划年度预计销量的40%(2000÷5000)，企业就可以保本。

(二) 单价的临界值(最小值)

计算单价的临界值(最小值)如下。

$$p = \frac{a + bx}{x} = \frac{60\,000 + 20 \times 5000}{5000} = 32(元)$$

即产品的单价不能低于32元这个最小值，或者说单价降低的幅度不能超过36%(即18÷50)，否则便会发生亏损。

(三) 单位变动成本的临界值(最大值)

计算单位变动成本的临界值(最大值)如下。

$$b = \frac{px - a}{x} = \frac{50 \times 5000 - 60\,000}{5000} = 38(元)$$

这意味着，当单位变动成本由20元上升到38元时，企业的利润将由90 000元变为零。38元为企业所能承受的单位变动成本的最大值，此时其变动率为90%(即18÷20)。

(四) 固定成本的临界值(最大值)

计算固定成本的临界值(最大值)如下。

$$a = px - bx = 50 \times 5000 - 20 \times 5000 = 150\,000(元)$$

固定成本的临界值也可以直接将原固定成本与目标利润相加而得到，即由固定成本将目标利润简单地"吃掉"，此时的固定成本总额增加了150%。

二、有关因素变动对利润变动的影响程度

销售量、单价、单位变动成本和固定成本诸因素的变动，都会对利润产生影响，但在影响的程度上存在差别。有的因素虽然只发生了较小的变动，却导致利润发生了很大的变化，换言之，利润对这些因素的变化十分敏感，这些因素也称为敏感因素。与此相反，有的因素虽然变化很大，但利润的变化却不大，也就是说，利润对这些因素的变化并不敏感，这些因素称为非敏感因素。企业的决策人员需要知道利润对哪些因素的变化比较敏感，对哪些因素的变化不太敏感，以便分清主次，抓住重点，确保目标利润的实现。

反映敏感程度的指标称为敏感系数，计算公式如下。

$$敏感系数 = \frac{目标值变动百分比}{因素值变动百分比}$$

从敏感系数的计算公式可以看出，敏感系数若为正数，表明它与利润为同向增减关系；敏感系数若为负数，表明它与利润为反向增减关系。

【例题3-26】M公司生产和销售甲产品，计划年度内预计有关数据如下：销售量为5000件，单价为50元，单位变动成本为20元，固定成本为60 000元。假设销售量、单价、单位变动成本和固定成本均分别增加20%，请计算各因素的敏感系数。

(一) 销售量的敏感系数

销售量增长20%，则有

$$x = 5000 \times (1 + 20\%) = 6000(件)$$

$$P = 6000 \times (50 - 20) - 60\,000 = 120\,000(元)$$

$$利润变化百分比 = \frac{120\,000 - 90\,000}{90\,000} \times 100\% = 33.33\%$$

$$销售量的敏感系数 = \frac{33.33\%}{20\%} = 1.67$$

(二) 单价的敏感系数

单价增长20%，则有

$$p = 50 \times (1 + 20\%) = 60(元)$$

$$P = (60 - 20) \times 5000 - 60\,000 = 140\,000(元)$$

$$利润变化百分比 = \frac{140\,000 - 90\,000}{90\,000} \times 100\% = 55.56\%$$

$$单价的敏感系数 = \frac{55.56\%}{20\%} = 2.78$$

(三) 单位变动成本的敏感系数

单位变动成本增长20%，则有

$$b = 20 \times (1 + 20\%) = 24(元)$$

$$P = (50 - 24) \times 5000 - 60\,000 = 70\,000(元)$$

$$利润变化百分比 = \frac{70\,000 - 90\,000}{90\,000} \times 100\% = -22.22\%$$

$$单位变动成本的敏感系数 = \frac{-22.22\%}{20\%} = -1.11$$

(四) 固定成本的敏感系数

固定成本增长20%，则有

$$a = 60\,000 \times (1 + 20\%) = 720\,000(元)$$

$$P = (50 - 20) \times 5000 - 72\,000 = 78\,000(元)$$

$$利润变化百分比 = \frac{78\,000 - 90\,000}{90\,000} \times 100\% = -13.33\%$$

$$固定成本的敏感系数 = \frac{-13.33\%}{20\%} = -0.67$$

从上面的计算可以看出，在影响利润的诸因素中，最敏感的是单价(敏感系数2.78，意味着利润将以2.78的速率随单价的变化而变化)，其次是销售量(敏感系数1.67)，再次是单位变动成本(敏感系数-1.11)，最后是固定成本(敏感系数-0.67)。其中敏感系数为正值，表示该因素与利润为同向增减关系；敏感系数为负值，表示该因素与利润为反向增减关系。在进行敏感程度分析时，敏感系数是正值或负值无关紧要，关键敏感系数绝对值的大小，绝对值越大，说明敏感程度越高。如果条件发生了变化，则各因素敏感系数之间的排列顺序也可能发生变化，但单价依然是最敏感的因素。

本章小结

本量利分析是指在成本性态分析的基础上，通过对成本、业务量和利润三者之间关系的分析，建立数字化的会计模型和图示，进而揭示变动成本、固定成本、销售量、销售单价和利润之间的内在规律性联系，为会计预测、决策、规划和控制提供有价值的会计信息的一种定量分析方法。本量利分析的基本公式如下。

$$利润＝销售量×单价－销售量×单位变动成本－固定成本$$

边际贡献(也称贡献毛益)是衡量企业产品盈利能力的一个绝对数正指标，是指产品的销售收入与其变动成本之间的差额。边际贡献有两种表示形式：单位边际贡献和边际贡献总额。

边际贡献率(也称贡献毛益率)是衡量企业产品盈利能力的一个相对数正指标，是指边际贡献总额除以销售收入总额的百分比或单位边际贡献除以销售单价的百分比。它表明每增加1元销售收入能为企业带来的贡献。

变动成本率是衡量企业产品盈利能力的一个相对数反指标，是指变动成本总额除以销售收入总额的百分比或单位变动成本除以销售单价的百分比，它表明每增加1元销售收入所增加的变动成本。边际贡献率与变动成本率具有互补关系，即边际贡献率＋变动成本率＝1。

保本分析是本量利分析的基础，其基本内容是分析确定产品的保本点，从而确定企业经营的安全程度。保本点有两种表现形式：保本销售量(保本量)和保本销售额(保本额)。确定产品的保本点不仅是保本分析的关键，也是本量利分析的核心内容。单一产品保本点可以采用图示法和公式法确定，多种产品保本点可以采用加权平均边际贡献率法和分别计算法确定。

保利分析是指将目标利润引进本量利分析的基本公式，在单价和成本水平既定的情况下，在确保企业目标利润实现的正常条件下，充分揭示成本、业务量、利润三者之间关系的本量利分析。其基本内容是分析确定产品的保利点。保利点有两种表现形式：保利销售量和保利销售额。与保本点的确定方法一样，保利点也可以分别按单一品种和多品种计算确定。

安全边际是预期或实际的销售量(额)与保本销售量(额)之间的差额，它是衡量企业经营安全程度的一个正向指标，包括两个方面：安全边际量和安全边际额。由于销售收入先用来补偿变动成本和固定成本，所以只有超过安全边际的销售量(额)才会产生利润。安全边际率是一个相对数指标，是指安全边际量(额)与预计或实际销售量(额)的百分比。它和保本点作业率存在互补关系，即保本点作业率＋安全边际率＝1。

课程思政元素

营运管理与实事求是

1. 实事——尊重客观事实

营运管理章节涉及较多的数据分析，作为财务人员一定要秉承公正、尊重事实的态度来对待相关数据，做到"一是一"，切不可因为其他因素而对数据进行主观上的篡改，要敢于面对现存的问题，尊重客观事实。

2. 求——要认真调查研究

营运管理涉及许多生产数据和销售资料。在实际工作中，需要财务人员进行认真的调查和记录。通过本章的学习，让学生意识到"没有调查就没有发言权"，所有的相关材料要尽可能实地调研，切不可"模棱两可"和"差不多"，引导学生树立亲力亲为、认真负责的学习和工作态度。

3. 是——尊重客观事物的内部联系，即规律性

营运管理章节的重点内容是本量利分析。本量利分析的出发点就是单价、销售量、单位变动成本、固定成本与销售利润之间的关系，5个因素互相影响，其内部存在一定的规律，需要在学习过程中做到熟悉掌握。同时，也通过各因素之间的联系和规律性来培养学生的认知思维，让学生认识到事物之间是有联系的，要善于去总结、梳理事物之间的规律，勇于在将来的学习和工作中发现这些规律。

同步练习

第一节 营运管理认知

一、单项选择题

1. 企业应考虑内外部环境之间的矛盾，有效平衡可能对营运过程中的研发、生产、供应、销售等存在影响的各个方面，使其保持合理的比例关系。该原则是指(　　)。

A. 系统性原则　　　　　　　　　B. 平衡性原则

C. 灵活性原则　　　　　　　　　D. 有效性原则

2. 在营运计划制订过程中，企业应建立配套的(　　)。

　　A. 计划执行机制　　　　　　　　　B. 监督监控机制

　　C. 人工成本机制　　　　　　　　　D. 监控分析机制

3. 企业开展营运绩效管理，激励(　　)为实现营运管理目标做出贡献。

　　A. 股东　　　　　　　　　　　　　B. 员工

　　C. 管理者　　　　　　　　　　　　D. 部门

二、多项选择题

1. 企业营运管理的原则包括(　　)。

　　A. 计划　　　　　　　　　　　　　B. 实施

　　C. 检查　　　　　　　　　　　　　D. 处理

2. 企业营运监控的基本任务是(　　)。

　　A. 发现偏差　　　　　　　　　　　B. 分析偏差

　　C. 纠正偏差　　　　　　　　　　　D. 严格监控

3. 营运计划的调整包括(　　)。

　　A. 关注识别不确定因素　　　　　　B. 分析和评估调整方案

　　C. 建立调整流程与机制　　　　　　D. 确定部门调整分工

三、判断题

1. 营运计划一经制订不能随意调整。　　　　　　　　　　　　　　(　　)

2. PDCA管理原则中的D指的是实施。　　　　　　　　　　　　　(　　)

3. 营运计划的执行需要遵循系统性、平衡性、灵活性的原则。　　(　　)

第二节　本量利分析

一、单项选择题

1. (　　)是本量利分析的基础，也是本量利分析的出发点。

　　A. 成本性态分析假设　　　　　　　B. 相关范围及模型线性假设

　　C. 产销平衡假设　　　　　　　　　D. 品种结构不变假设

2. 在本量利分析中，必须假定产品成本的计算基础是(　　)。

　　A. 完全成本法　　　　　　　　　　B. 变动成本法

　　C. 吸收成本法　　　　　　　　　　D. 制造成本法

3. 计算边际贡献率(贡献毛益率)，可以用单位边际贡献(单位贡献毛益)除以(　　)。

　　A. 单位售价　　　　　　　　　　　B. 总成本

　　C. 销售收入　　　　　　　　　　　D. 变动成本

4. 下列指标中, 可用来判定企业经营安全程度的指标是(　　)。

　　A. 保本量　　　　　　　　　　B. 保本额

　　C. 边际贡献　　　　　　　　　D. 保本作业率

5. 生产单一品种产品的企业, 保本销售额=(　　)。

　　A. 保本销售量×单位利润

　　B. 固定成本总额÷边际贡献率

　　C. 固定成本总额÷(单价-单位变动成本)

　　D. 固定成本总额÷边际贡献

6. 从保本图上得知, 对单一产品分析, (　　)。

　　A. 单位变动成本越大, 总成本斜线率越大, 保本点越高

　　B. 单位变动成本越大, 总成本斜线率越小, 保本点越高

　　C. 单位变动成本越小, 总成本斜线率越小, 保本点越高

　　D. 单位变动成本越小, 总成本斜线率越大, 保本点越低

7. 利润=(实际销售量-保本销售量)×(　　)。

　　A. 贡献毛益率　　　　　　　　B. 单位利润

　　C. 单位售价　　　　　　　　　D. 单位贡献毛益

8. 某企业只生产一种产品, 单价为6元, 单位变动生产成本为4元, 单位销售和管理变动成本为0.5元, 销量为500件, 则其产品贡献毛益为(　　)元。

　　A. 650　　　　　　　　　　　 B. 750

　　C. 850　　　　　　　　　　　 D. 950

9. 下列因素中导致保本销售量上升的是(　　)。

　　A. 销售量上升　　　　　　　　B. 产品单价下降

　　C. 固定成本下降　　　　　　　D. 产品单位变动成本下降

10. 已知产品销售单价为24元, 保本销售量为150件, 销售额可达4800元, 则安全边际率为(　　)。

　　A. 33.33%　　　　　　　　　　B. 25%

　　C. 50%　　　　　　　　　　　 D. 20%

11. 如果产品的单价与单位变动成本上升的百分率相同, 其他因素不变, 则保本销售量(　　)。

　　A. 上升　　　　　　　　　　　B. 下降

　　C. 不变　　　　　　　　　　　D. 不确定

12. 销售量不变, 保本点越高, 则能实现的利润(　　)。

　　A. 越小　　　　　　　　　　　B. 不变

　　C. 越大　　　　　　　　　　　D. 不一定

二、多项选择题

1. 下列两个指标之和为1的有(   )。

A. 安全边际率与边际贡献率　　B. 安全边际率与保本作业率

C. 保本作业率与变动成本率　　D. 变动成本率与边际贡献率

E. 贡献毛益率与保本作业率

2. 从保本图得知(   )。

A. 保本点右边，成本大于收入，是亏损区

B. 销售量一定的情况下，保本点越高，盈利区越大

C. 实际销售量超过保本点销售量部分即是安全边际

D. 在其他因素不变的情况下，保本点越低，盈利面积越小

E. 安全边际越大，盈利面积越大

3. 单位贡献毛益率的计算公式可表示为(   )。

A. 1-变动成本率　　　　　　　B. 贡献毛益÷销售收入

C. 固定成本÷保本销售量　　　　D. 固定成本÷保本销售额

E. 单位贡献毛益÷单价

4. 下列各项中，能够同时影响保本点、保利点及保净利点的因素有(   )。

A. 单位贡献毛益　　　　　　　B. 贡献毛益率

C. 固定成本总额　　　　　　　D. 目标利润

E. 所得税税率

三、判断题

1. 保本，是指企业的边际贡献等于固定成本。　　　　　　　　　　(   )

2. 边际贡献，是指销售收入减去生产制造过程中的变动成本和销售费用、管理费用中的变动部分之后的差额。　　　　　　　　　　　　　　　　　　　　(   )

3. 本量利分析的各种模型必然是建立在多种假设的前提条件下，因为我们在实际应用时，不能忽视它们的局限性。　　　　　　　　　　　　　　　　　　(   )

4. 在进行本量利分析时，不需要任何条件假设。　　　　　　　　(   )

5. 边际贡献首先用于补偿固定成本，之后若有余额，才能为企业提供利润。(   )

6. 本量利分析应用的前提条件与成本性态分析的假设是相同的。　　(   )

7. 边际贡献率与保本作业率是互补关系。　　　　　　　　　　　　(   )

四、计算分析题

1. M公司2020年全年生产调节器1000只，每只售价5万元，每只调节器的变动成本为3万元，年固定成本总额为500万元。

要求：计算调节器厂2020年调节器生产的单位边际贡献和边际贡献总额、边际贡献率、变动成本率。

2. 某玩具厂生产的自动坦克每只售价为50元，单位变动成本为30元/只，固定成本为240 000元。

要求：

(1) 计算玩具厂生产自动坦克的保本销售量和保本销售额。

(2) 如果单位变动成本在原基础上下降20%，则保本销售量和保本销售额又为多少？

(3) 试运用传统绘制法画出压缩单位变动成本前的保本图，并指出保本点。

3. M公司生产甲、乙、丙3种电器，其单价分别为500元/件、400元/件、250元/件，单位变动成本分别为300元/件、200元/件、150元/件。生产甲、乙、丙3种产品的固定成本总额为100 000元，甲、乙、丙3种电器的销售额分别为200 000元、200 000元和100 000元。

要求：

(1) 计算甲、乙、丙3种产品的综合边际贡献率。

(2) 甲、乙、丙3种电器的保本销售量和保本销售额。

4. 已知：M公司产销A、B、C、D 4种产品的有关资料如表3-5所示。

表3-5　A、B、C、D 4种产品的有关资料

产品名称	销售数量	销售收入总额	变动成本总额	单位贡献边际	固定成本总额	利润
A	(1)	40 000	(2)	6	7000	9000
B	3000	60 000	(3)	(4)	10 000	−1000
C	1000	60 000	20 000	(5)	9000	(6)
D	5000	(7)	25 000	4	(8)	6000

要求：计算填列表中用数字(1)、(2)、(3)、(4)、(5)、(6)、(7)、(8)表示的项目。

5. 已知：M公司只生产一种产品，2019年销售收入为1000万元，税前利润为100万元，变动成本率为60%。

要求：

(1) 计算M公司2019年的固定成本。

(2) 假定2020年该公司只追加20万元的广告费，其他条件均不变，试计算该年的固定成本。

(3) 计算2020年该公司保本额。

第三节　保本分析

一、单项选择题

1. 已知企业只生产一种产品，单价为5元，单位变动成本为3元，固定成本总额为600元，则保本销售量为(　　)件。

A. 200　　　　　　　　　　　　　　B. 300

C. 120　　　　　　　　　　　　　　D. 400

2. 某公司生产一种产品，保本量为20万件，单价为2元，贡献边际率为40%，则其固定成本为( )万元。

    A. 50
    B. 100
    C. 8
    D. 16

3. 已知某企业本年目标利润为2000万元，产品单价为600元，变动成本率为30%，固定成本总额为600万元，则企业的保利量为( )件。

    A. 61 905
    B. 14 286
    C. 50 000
    D. 54 000

4. 下列因素单独变动时，不对保利点产生影响的是( )。

    A. 成本
    B. 单价
    C. 销售量
    D. 目标利润

5. 在销售量不变的情况下，保本点越高，能实现的利润( )。

    A. 越多
    B. 越少
    C. 不变
    D. 不确定

6. 在相关范围内，导致保本点升高的重要原因是( )。

    A. 产品单位销售价格提高
    B. 产品单位变动成本升高
    C. 产品产销数量增多
    D. 产品安全边际增大

二、计算分析题

1. 已知某公司生产A、B、C 3种产品，其固定成本总额为19 800元，这3种产品的有关资料如表3-6所示。

表3-6　A、B、C3种产品的有关资料

品种	销售单价(元)	销售量(件)	单位变动成本(元)
A	2000	60	1600
B	500	30	300
C	1000	65	700

要求：

(1) 采用加权平均法计算该厂的综合保本销售额及各产品的保本销售额。

(2) 计算该公司的营业利润。

第四节　边际分析

一、单项选择题

1. 保本作业率与安全边际率之间的关系是( )。

    A. 两者相等
    B. 前者一般大于后者
    C. 后者一般大于前者
    D. 两者之和等于1

2. 某产品的边际贡献率为80%，保本作业率为50%，则该产品的销售利润率为( )。

    A. 40%   B. 50%

    C. 80%   D. 25%

3. 若某企业在一定时期内的保本作业率为100%，那么可以推断出企业目前处于( )。

    A. 盈利   B. 保本

    C. 亏损   D. 无法确定

4. 其他因素不变，若产品的单价提高，则安全边际( )。

    A. 同方向变动   B. 不变

    C. 反方向变动   D. 无法确定

二、多项选择题

1. 安全边际率 =( )。

    A. 安全边际量 ÷ 实际销售量   B. 保本销售量 ÷ 实际销售量

    C. 安全边际额 ÷ 实际销售额   D. 保本销售额 ÷ 实际销售额

    E. 安全边际量 ÷ 安全边际额

2. 下列两个对应的指标中属于互补关系的有( )。

    A. 安全边际率与保本作业率   B. 安全边际率与边际贡献率

    C. 保本作业率与变动成本率   D. 边际贡献率与变动成本率

3. 企业经营安全程度的评价指标包括( )。

    A. 保本销售量   B. 安全边际量

    C. 保本作业率   D. 安全边际率

4. 若企业处于保本状态，则( )。

    A. 保本作业率为0   B. 保本作业率为100%

    C. 安全边际率为100%   D. 安全边际率为0

三、判断题

1. 安全边际率与保本作业率为互补关系。   ( )

2. 安全边际提供的边际贡献就是利润。   ( )

3. 销售利润率受到安全边际率和边际贡献率的影响。   ( )

4. 安全边际是衡量企业经营安全程度的重要指标。   ( )

四、计算题

M公司本年度发生变动成本30 000元，边际贡献率为40%，销售利润率为20%。

要求：

(1) 计算本年度的利润。

(2) 计算本年度的安全边际额。

第五节　敏感性分析

一、单项选择题

1. 下列选项中，敏感系数绝对值最大的是(　　)。

　　A. 单价　　　　　　　　　　　　　B. 单位变动成本

　　C. 固定成本　　　　　　　　　　　D. 销售量

2. 已知A产品的单价为40元，单位变动成本为25元，固定成本为14 000元，销售量为1000件，则销售量的敏感系数为(　　)。

　　A. 15　　　　　　　　　　　　　　B. 10

　　C. 0.67　　　　　　　　　　　　　D. 20

二、多项选择题

影响利润的因素主要有(　　)。

　　A. 单价　　　　　　　　　　　　　B. 单位变动成本

　　C. 销售量　　　　　　　　　　　　D. 固定成本

三、判断题

1. 敏感性分析是指对影响目标实现的因素变化进行量化分析，从而确定各因素变化对实现目标的影响敏感程度。　　　　　　　　　　　　　　　　　　　　　　　　(　　)

2. 敏感性分析可以划分为短期决策中的敏感性分析和长期决策中的敏感性分析。

(　　)

3. 短期营运决策中的敏感性分析主要应用在目标利润规划方面。　　　　(　　)

4. 长期投资决策中的敏感性分析是指通过衡量投资方案中某个因素的变动对该方案预期结果的影响程度，做出对项目投资决策的可行性评价。　　　　　　　　　　　(　　)

习题参考答案

第四章

投融资管理

学习目标

知识目标

理解并掌握投资、融资管理的意义；了解投融资管理的重要性及投资、融资管理的流程；掌握投融资管理的主要方法；掌握资金时间价值的概念及其计算方法；了解项目管理的工具方法及特点。

能力目标

能够熟练运用资金时间价值的计算方法应用贴现现金流法对企业投融资进行分析和决策；能够灵活运用挣值法、成本效益法、价值工程法对项目投资进行决策。

素质目标

培养学生进行投资、融资管理的意识；培养学生团队协同合作的团队精神；养成认真负责、严谨细致的工作态度，锻炼学生发现问题和解决问题的探究思维。

引导案例

东方公司的发展

东方公司是一家生产微波炉的中型企业，该公司生产的微波炉质量优良，价格合理，近几年来一直供不应求。为了扩大生产能力，该公司准备新建一条生产线。李强是该公司投资部的工作人员，主要负责投资的具体工作。该公司财务总监要求李强收集建设新生产线的相关资料，写出投资项目的财务评价报告，以供公司领导决策参考。

李强经过半个月的调研，得出以下有关资料：该生产线的初始投资为57.5万元，分两年投入，第一年年初投入40万元，第二年年初投入17.5万元，第二年可完成建设并正式投产。投产后每年可生产微波炉1000台，每台销售价格为800元，每年可获得销售收入80万元。投资项目预计可使用5年，5年后的残值可忽略不计。在投资项目经营期内需垫支流动资金15万元，这笔资金在项目结束时可如数收回。该项目生产的产品年总成本的构成情况如下：

原材料	40万元
工资费用	8万元

管理费(不含折旧)　　7万元

折旧费　　　　　　　10.5万元

李强又对本公司的各种资金来源进行了分析研究，得出该公司加权平均资金成本为8%。该公司所得税税率为25%。

思考：

根据上述资料，请问可以运用哪些方法对该项目进行计算与分析？

带着这些问题，我们一起进入本章的学习吧。

第一节　投融资管理认知

投融资管理认知

一、投融资管理的概念

投融资管理是投资管理和融资管理的简称。投资管理，是指企业根据自身战略发展规划，以企业价值最大化为目标，对资金投入营运进行的管理活动；融资管理，是指企业为实现既定的战略目标，在风险匹配的原则下，对通过一定的融资方式和渠道筹集资金进行的管理活动。

二、企业投融资的分类

(一) 投资管理

1. 企业投资的分类

投资，广义地讲，是指特定经济主体(包括政府、企业和个人)以本金回收并获利为基本目的，将货币、实物资产等作为资本投放于某一个具体对象，以在未来较长期间内获取预期经济利益的经济行为。企业投资，简而言之，是企业为获取未来长期收益而向一定对象投放资金的经济行为，如购建厂房设备、兴建电站、购买股票债券等。企业需要通过投资配置资产，才能形成生产能力，取得未来的经济利益。将企业投资进行科学分类，能够进行科学的投资管理。

1) 直接投资和间接投资

按投资活动与企业本身生产经营活动的关系，企业投资可以划分为直接投资和间接投资。

直接投资，是指将资金直接投放于形成生产经营能力的实体性资产，直接谋取经营利润的企业投资。通过直接投资，购买并配置劳动力、劳动资料和劳动对象等具体生产要素，开展生产经营活动。

间接投资，是指将资金投放于股票、债券等权益性资产上的企业投资。之所以称为间接投资，是因为股票、债券的发行方在筹集到资金后，再把这些资金投放于形成生产经营能力的实体性资产，获取经营利润。间接投资方不直接介入具体生产经营过程，而是通过股票、债券上所约定的收益分配权利，获取股利或利息收入，分享直接投资的经营利润。

2) 项目投资和证券投资

按投资对象的存在形态和性质，企业投资可以划分为项目投资和证券投资。

项目投资，是指企业通过投资，购买具有实质内涵的经营资产，包括有形资产和无形资产，形成具体的生产经营能力，开展实质性的生产经营活动，谋取经营利润。项目投资的目的在于改善生产条件、扩大生产能力，以获取更多的经营利润。项目投资属于直接投资。

证券投资，是指企业通过投资，购买证券资产，通过证券资产上所赋予的权利，间接控制被投资企业的生产经营活动，获取投资收益，即购买属于综合生产要素的权益性权利资产的企业投资。

直接投资与间接投资、项目投资与证券投资，这两大投资分类方式的内涵和范围是一致的，只是分类的角度不同，即直接投资与间接投资强调的是投资方式，而项目投资与证券投资强调的是投资的对象性。

3) 发展性投资和维持性投资

由于企业受未来生产经营前景的影响，所以企业投资可以划分为发展性投资和维持性投资。

发展性投资，也可以称为战略性投资，是指对企业未来的生产经营发展全局有重大影响的企业投资，如企业间兼并合并的投资、转换新行业和开发新产品的投资、大幅度扩大生产规模的投资等。发展性投资项目实施后，往往可以改变企业的经营方向和经营领域，或者明显地扩大企业的生产经营能力，或者实现企业的战略重组。

维持性投资，也可以称为战术性投资，是指为了维持企业现有的生产经营正常顺利进行，不会改变企业未来生产经营发展全局的企业投资，如更新替换旧设备的投资、配套流动资金投资、生产技术革新的投资等。维持性投资项目所需要的资金不多，对企业生产经营的前景影响不大，投资风险相对也较小。

4) 对内投资和对外投资

按投资活动资金投出的方向，企业投资可以划分为对内投资和对外投资。

对内投资，是指在本企业范围内部的资金投放，用于购买和配置各种生产经营所需的经营性资产。

对外投资，是指向本企业范围以外的其他单位的资金投放。对外投资多以现金、有形资产、无形资产等资产形式，通过联合投资、合作经营、换取股权、购买证券资产等投资方式，向企业外部其他单位投放资金。

对内投资都是直接投资，对外投资主要是间接投资，也可能是直接投资。

5) 独立投资和互斥投资

按投资项目之间的相互关联关系，企业投资可以划分为独立投资和互斥投资。

独立投资，是相容性投资，各个投资项目之间互不关联、互不影响，可以同时并存。例如，建造一个饮料厂和建造一个纺织厂，它们之间并不冲突，可以同时进行。对于一个独立投资项目而言，其他投资项目是否被采纳，对本项目的决策并无显著影响。因此，独立投资项目决策考虑的是方案本身是否满足某种决策标准。例如，可以规定凡提交决策的投资方案，其预期投资报酬率都要求达到20%才能被采纳。这里，预期投资报酬率达到20%就是一种预期的决策标准。

互斥投资是非相容性投资，各个投资项目之间相互关联、相互替代，不能同时并存。例如，对企业现有设备进行更新，购买新设备就必须处置旧设备，它们之间是互斥的。对于一个互斥投资项目而言，其他投资项目是否被采纳或放弃，直接影响本项目的决策，其他项目被采纳，本项目就不能被采纳。因此，互斥投资项目决策考虑的是各方案之间的排序性，也许每个方案都是可行方案，但互斥决策需要从中选择最优方案。

2. 投资管理的原则

投资管理程序包括投资计划制订、可行性分析、实施过程控制、投资后评价等。为了适应投资项目的特点和要求，实现投资管理的目标，做出合理的投资决策，需要制定投资管理的基本原则，据以保证投资活动的顺利进行。

1) 可行性分析原则

投资项目的金额大，资金占用时间长，一旦投资后具有不可逆转性，对企业的财务状况和经营前景影响重大。因此，在投资决策之时，必须建立严密的投资决策程序，进行科学的可行性分析。

2) 结构平衡原则

由于投资往往是一个综合性的项目，不仅涉及固定资产等生产能力和生产条件的构建，还涉及使生产能力和生产条件正常发挥作用所需要的流动资产的配置。同时，由于受资金来源的限制，投资也常会遇到资金需求超过资金供应的矛盾。因此，如何合理配置资源，使有限的资金发挥最大的效用，是投资管理中资金投放所面临的重要问题。

3) 动态监控原则

投资的动态监控，是指对投资项目实施过程中的进程控制。特别是对工程量大、工期长的建造项目来说，有一个具体的投资过程，需要按工程预算实施有效的动态投资控制。

3. 投资管理的程序

企业应建立健全投资管理的制度体系，根据组织架构特点，设置能够满足投资管理活动所需的，由业务、财务、法律及审计等相关人员组成的投资委员会或类似决策机构，对重大投资事项和投资制度建设等进行审核，有条件的企业可以设置投资管理机构，组织开展投资管理工作。

企业应用投资管理工具方法，一般按照制订投资计划、进行可行性分析、实施过程控制和投资后评价等程序进行。

(二) 融资管理

1. 企业融资的分类

企业采用不同方式所筹集的资金，按照不同的分类标准可分为不同的融资类别。

1) 股权融资、债务融资及衍生工具融资

按企业所取得资金的权益特性不同，企业融资分为股权融资、债务融资及衍生工具融资。

股权融资，股权资本是股东投入的、企业依法长期拥有、能够自主调配运用的资本。股权资本在企业持续经营期间，投资者不得抽回，因而也称为企业的自有资本、主权资本或权益资本。股权资本是企业从事生产经营活动和偿还债务的基本保证，是代表企业基本资信状况的一个主要指标。企业的股权资本通过吸收直接投资、发行股票、内部积累等方式取得。股权资本一般不用偿还本金，形成了企业的永久性资本，因而财务风险小，但付出的资本成本相对较高。

债务融资，债务资本是企业按合同向债权人取得的，在规定期限内需要清偿的债务。企业通过债务融资形成债务资金，债务资金通过向金融机构借款、发行债券、融资租赁等方式取得。由于债务资金到期要归还本金和支付利息，债权人对企业的经营状况不承担责任，因而债务资金具有较大的财务风险，但付出的资本成本相对较低。从经济意义上来说，债务资金是债权人对企业的一种投资，债权人依法享有企业使用债务资金所取得的经济利益，因而债务资金形成了企业的债权人权益。

衍生工具融资，包括兼具股权与债务融资性质的混合融资和其他衍生工具融资。我国上市公司目前最常见的混合融资方式是可转换债券融资，最常见的其他衍生工具融资方式是认股权证融资。

2) 直接融资与间接融资

按是否借助于金融机构为媒介来获取社会资金，企业融资分为直接融资和间接融资。

直接融资是企业直接与资金供应者协商融通资金的融资活动。直接融资不需要通过金融机构来筹措资金，是企业直接从社会取得资金的方式。直接融资方式主要有发行股票、发行债券、吸收直接投资等。直接融资方式既可以筹集股权资金，也可以筹集债务资金。相对来说，直接融资的融资手续比较复杂，融资费用较高；但融资领域广阔，能够直接利用社会资金，有利于提高企业的知名度。

间接融资是企业借助于银行和非银行金融机构来筹集资金。在间接融资方式下，银行等金融机构发挥中介作用，预先集聚资金，然后提供给企业。间接融资的基本方式是银行借款，此外还有融资租赁等方式。间接融资形成的主要是债务资金，主要用于满足企业资金周转的需要。间接融资手续相对比较简便，融资效率高，融资费用较低，但容易受金融政策的制约和影响。

3) 内部融资与外部融资

按资金的来源范围不同，企业融资分为内部融资和外部融资两种类型。

内部融资，是指企业通过利润留存而形成的融资来源。内部融资数额大小主要取决于企业可分配利润的多少和利润分配政策，一般无须花费融资费用，从而降低了资本成本。

外部融资，是指企业向外部筹措资金而形成的融资来源。处于初创期的企业，内部融资的可能性是有限的；处于成长期的企业，内部融资往往难以满足需要，这就需要企业广泛地开展外部融资，如发行股票、债券，取得商业信用、银行借款等。企业向外部融资大多需要花费一定的融资费用，从而提高了融资成本。

4) 长期融资与短期融资

按所筹集资金的使用期限不同，企业融资分为长期融资和短期融资两种类型。

长期融资，是指企业筹集使用期限在1年以上的资金。长期融资的目的主要在于形成和更新企业的生产和经营能力，或者扩大企业生产经营规模，或者为对外投资筹集资金。长期融资通常采取吸收直接投资、发行股票、发行债券、长期借款、融资租赁等方式，所形成的长期资金主要用于购建固定资产、形成无形资产、进行对外长期投资、垫支铺底流动资金、产品和技术研发等。从资金权益性质来看，长期资金可以是股权资金，也可以是债务资金。

短期融资是指企业筹集使用期限在1年以内的资金。短期资金主要用于企业的流动资产和资金日常周转，一般在短期内需要偿还。短期融资经常利用商业信用、短期借款等方式来筹集。

2. 融资管理原则

企业融资管理要在严格遵守国家法律法规的基础上，分析影响融资的各种因素，权衡资金的性质、数量、成本和风险，合理选择融资方式，提高融资效果。

1) 筹措合法原则

筹措合法原则，是指企业融资要遵循国家法律法规、合法筹措资金。不论是直接融资还是间接融资，企业最终都通过融资行为向社会获取了资金。企业的融资活动不仅会为自身的生产经营提供资金来源，也会影响投资者的经济利益和社会经济秩序。企业的融资行为和融资活动必须遵循国家的相关法律法规，依法履行法律法规和投资合同约定的责任，合法合规融资，依法披露信息，维护各方的合法权益。

2) 规模适当原则

规模适当原则，是指要根据生产经营及其发展的需要，合理安排资金需求。企业筹集资金，要合理预测确定资金的需要量。融资规模与资金需要量应当匹配一致，既要避免因融资不足，影响生产经营的正常进行；又要防止融资过多，造成资金闲置。

3) 取得及时原则

取得及时原则，是指要合理安排融资时间，适时取得资金。企业筹集资金，需要合理预测确定资金需要的时间，要根据资金需求的具体情况，合理安排资金的筹集到位时间，使融资与用资在时间上相衔接，既避免过早筹集资金形成的资金投放前的闲置，又防止取得资金的时间滞后，错过资金投放的最佳时间。

4) 来源经济原则

来源经济原则，是指要充分利用各种融资渠道，选择经济、可行的资金来源。企业所筹集的资金都要付出资本成本的代价，进而给企业的资金使用提出了最低报酬要求。不同融资渠道和方式所取得的资金，其资本成本各有差异。企业应当在考虑融资难易程度的基础上，针对不同来源资金的成本，认真选择融资渠道，并选择经济、可行的融资方式，力求降低融资成本。

5) 结构合理原则

结构合理原则，是指融资管理要综合考虑各种融资方式，优化资本结构。企业融资要综合考虑股份资金与债务资金的关系、长期资金与短期资金的关系、内部融资与外部融资的关系，合理安排资本结构，保持适当偿债能力，防范企业财务危机。

3. 融资管理的程序

企业应建立健全融资管理的制度体系，融资管理一般采取审批制。

企业应设置满足融资管理所需的，由业务、财务、法律及审计等相关人员组成的融资委员会或类似决策机构，对重大融资事项和融资管理制度等进行审批，并设置专门归口管理部门牵头负责融资管理工作。

企业应用融资管理工具方法，一般按照融资计划制订、融资决策分析、融资方案的实施与调整、融资管理分析等程序进行。

第二节　贴现现金流法

一、资金时间价值

资金时间价值，又称为货币时间价值，是指一定量资金在不同时点上价值量的差额。资金时间价值是学习贴现现金流法的理论基础。

(一) 资金时间价值的概念

资金时间价值，也称为货币时间价值，是指在没有风险和通货膨胀的情况下，货币经历一定时间的投资和再投资所增加的价值。

在实务中，人们习惯使用相对数字表示货币的时间价值，即用增加的价值占投入货币的百分数来表示，也称为纯粹利率(简称纯利率)。纯利率，是指在没有通货膨胀和风险的情况下资金市场的平均利率。没有通货膨胀时，短期国债利率可以视为纯利率。由于货币随时间的延续而增值，不同时间单位货币的价值不相等，所以不同时间的货币不宜直接进行比较，需要把它们换算到相同的时点进行比较才有意义。由于货币随时间的增长过程与复利的计算过程在数学上相似，所以在换算时广泛使用复利计算方法。

(二) 资金时间价值的产生条件

(1) 资金时间价值产生的前提条件是商品经济的高度发展和借贷关系的普遍存在。

(2) 资金时间价值的根本源泉是资金在周转过程中的价值增值。

(三) 资金时间价值的表示方法

资金时间价值可用相对数和绝对数两种形式表示，即利息和利率。这两种形式反映了社会平均资金利润率，是资金的机会成本，也是使用资金的最低成本。

由于资金时间价值的存在，不同时点上资金的经济价值不等，不能直接进行比较，所以企业在进行筹资决策、投资决策和资金分配决策时，必须对不同时点上的收入或支出进行换算。

(四) 资金时间价值的计算

1. 复利终值和现值

复利计算方法是每经过一个计息期，要将该期的利息加入本金再计算利息，逐期滚动计算，俗称"利滚利"。这里所说的一个计息期，是指相邻两次计息的间隔，如1年、半年等，除非特别说明，否则2个计息期一般为2年。

复利终值和
复利现值

1) 复利终值

复利终值，是指现在的一定本金在将来一定时间，按复利计算的本金与利息之和，简称本利和。

【例题4-1】某人将100万元存入银行，年利率为10%，计算1年和2年后的本利和。

1年后的本利和：$F_1 = 100 + 100 \times 10\% = 100 \times (1 + 10\%)$

2年后的本利和：$F_2 = 100 \times (1 + 10\%) \times (1 + 10\%) = 100 \times (1 + 10\%)^2$

由此递推，经过n年的本利和如下。

$$F_n = 100 \times (1 + 10\%)^n$$

因此，复利终值的计算公式如下。

$$F = P \times (1 + i)^n$$

其中：P表示现值(或初始值)；i表示计息期利率；F表示终值(或本利和)；n表示计算期数；$(1 + i)^n$称为复利终值系数，用符号$(F/P, i, n)$表示。

【例题4-2】M公司2020年存入银行10 000元，假设利率为8%，第5年年末将取出多少钱？

【解析】$10\,000 \times (F/P, 8\%, 5) = 10\,000 \times 1.469 = 14\,690(元)$

2) 复利现值

复利现值, 是指未来某一时点的特定资金, 按复利计算方法折算到现在的价值。

根据复利终值公式计算复利现值, 是指已知F、i、n时, 求P。

将复利终值计算公式$F=P\times(1+i)^n$移项, 可得:

$$P=F\times(1+i)^{-n}$$

上式中, $(1+i)^{-n}$称为复利现值系数, 用符号$(P/F, i, n)$表示。

【例题4-3】M公司打算投资, 每半年利率为10%, 现投资多少资金才能保证第15年年末可获得50万元的资金?

【解析】$50\times(P/F, 10\%, 30)=50\times0.0573=2.865$(万元)

2. 年金现值

年金, 是指间隔期相等的系列等额收付款项。年金包括普通年金、预付年金、递延年金、永续年金等形式。在年金中, 间隔期间可以不是1年, 如每季末等额支付的债务利息也是年金。

年金现值

1) 普通年金现值

普通年金, 又称为后付年金, 是指从第一期起, 在一定时期内每期期末等额收付的系列款项。普通年金是年金的最基本形式。

普通年金现值, 是指普通年金中各期等额收付金额在第一期期初的复利现值之和。

【思考】M公司打算5年后还清1 000 000元的债务, 从现在起每年年末存入银行一笔钱, 假设银行利率是6%, 则每年需要存入多少钱呢?

2) 预付年金现值

预付年金, 又称为即付年金或先付年金, 是指从第一期起, 在一定时期内每期期初等额收付的系列款项。预付年金与普通年金的区别仅在于收付款的时点, 普通年金发生在期末, 而预付年金发生在期初。

预付年金

预付年金现值, 是指预付年金中各期等额收付金额在第一期期初的复利现值之和。

【思考】M公司打算5年后还清1 000 000元的债务, 从现在起每年年初存入银行一笔钱, 假设银行利率是6%, 则每年需要存入多少钱呢?

3) 递延年金现值

递延年金由普通年金递延形成, 递延的期数称为递延期, 一般用m表示。递延年金的第一次收付发生在第$(m+1)$期的期末(m为大于0的整数)。

递延年金现值, 是指递延年金中各期等额收付金额在第一期期初(0时点)的复利现值之和。递延年金现值可以按照下面的公式计算。

$$P=A\times(P/A, i, n)\times(P/F, i, m)$$

【思考】M公司打算年初投入一个项目, 希望第5年开始每年年末取得10万元收益, 投资期为10年, 假定年利率为6%, 则该企业最初投资多少钱才有利呢?

4) 永续年金现值

永续年金是普通年金的极限形式，当普通年金的收付次数为无穷大时即为永续年金。永续年金的第一次等额收付发生在第一期期末。

永续年金的现值可以看成是一个 n 无穷大时普通年金的现值，永续年金的现值可以通过对普通年金现值的计算公式导出：

$$P(n \to \infty) = A \times \frac{1 - (1+i)^{-n}}{i} = \frac{A}{i}$$

【思考】M公司打算年初建立一项永久性帮困基金，计划每年拿出5万元救助失学儿童，假定年利率为6%，则该企业现值应投入多少钱呢？

3. 年金终值

年金终值

对于永续年金而言，由于没有终点，所以没有终值。其他3种年金终值情况如下。

1) 普通年金现值

对于等额收付 n 次的普通年金而言，其终值指的是各期等额收付金额在第 n 期期末的复利终值之和。计算公式如下。

$$F = A \times \frac{(1+i)^n - 1}{i}$$

【思考】M公司打算5年内每年年末向银行存入1000元，存款利率是6%，5年后总共会拿到多少钱？

2) 预付年金终值

对于等额收付 n 次的预付年金而言，其终值指的是各期等额收付年金在第 n 期期末的复利终值之和。计算公式如下。

$$F = A \times \left[(F/A, \ i, \ n+1) - 1 \right]$$

【思考】M公司打算5年内每年年初向银行存入1000元，存款利率是6%，5年后总共会拿到多少钱？

3) 递延年金终值

对于递延期为 m、等额收付 n 次的递延年金而言，其终值指的是各期等额收付金额在第 $(m+n)$ 期期末的复利终值之和。

递延年金终值的一般公式与计算普通年金终值的一般公式完全相同。

二、贴现现金流法的应用

在项目投资决策中，现金流量是该项目投资所引起的现金流入量和现金流出量的统称，它可以动态地反映该投资项目投入和产出的相对关系。

贴现现金流量法就是以明确的假设为基础、选择适当的折现率对现金流量进行贴现，通过对贴现值的计算和比较，为财务合理性提供判断依据的方法。

贴现现金流法一般适用于在企业日常经营过程中，与投融资管理相关的资产价值评估、企业价值评估和项目投资决策等，也适用于其他价值评估方法不适用的企业，包括正在经历重大变化的企业，如债务重组、重大转型、战略性重新定位、亏损，或者处于开办期的企业等。

贴现现金流法的计算过程中充分考虑和利用了资金时间价值，主要包括净现值、净现值率、现值指数、内含报酬率等方法。

净现值法和
现值指数法

(一) 净现值的计算及应用

1. 净现值的计算

净现值(net present value，NPV)，是指在项目计算期内，按行业基准收益率或企业设定的贴现率计算的投资项目未来各年现金净流量现值的代数和。其计算公式如下。

$$NPV = \sum_{t=0}^{n} \frac{NCF_t}{(1+i)^t}$$

式中，i指的是贴现率。

净现值的计算一般包括以下步骤。

(1) 计算投资项目各期的现金净流量。

(2) 按行业基准收益率或企业设定的贴现率，将投资项目各期所对应的复利现值系数通过查表确定下来。

(3) 将各期现金净流量与其对应的复利现值系数相乘，计算出现值。

(4) 加总各期现金净流量的现值，即得到该投资项目的净现值。

2. 净现值的选择标准

(1) 单项决策时，若NPV≥0，则项目可行；若NPV<0，则项目不可行。

(2) 多项互斥投资决策时，在净现值大于零的投资项目中，选择净现值较大的投资项目。

3. 净现值的优点和缺点

净现值的优点有：考虑了资金的时间价值，增强了投资经济性评价的实用性；考虑了项目计算期内全部净现金流量，体现了流动性与收益性的统一；考虑了投资风险，项目投资风险可以通过提高贴现率加以控制。

净现值法的缺点有：净现值是一个绝对数，不能从动态的角度直接反映投资项目的实际收益率，在进行互斥性投资决策且投资额不等时，仅根据净现值无法确定投资项目的优劣；净现值的计算比较复杂，并且较难理解和掌握；净现值的计算需要有较准确的现金净流量的预测，并且要正确选择贴现率，而实际上现金净流量的预测和贴现率的选择都比较困难。

4. 净现值的应用

【例题4-4】M公司有两个投资方案A和B，有关数据如表4-1所示，折现率为10%，请问哪个方案较优？

表4-1　A、B方案有关数据

单位：万元

项目	A方案	B方案
投资	15	3
年净收益	3.1	1.1
寿命(年)	10	10
残值	1.5	0.3

从表4-1可知：

$\text{NPV}_A = -15 + 3.1 \times (P/A，10\%，10) + 1.5 \times (P/F，10\%，10)$

$\qquad = -15 + 3.1 \times 6.144 + 1.5 \times 0.3855$

$\qquad = 4.62(万元)$

$\text{NPV}_B = -3 + 1.1 \times (P/A，10\%，10) + 0.3 \times (P/F，10\%，10)$

$\qquad = -3 + 1.1 \times 6.144 + 0.3 \times 0.3855$

$\qquad = 3.87(万元)$

因为$\text{NPV}_A > \text{NPV}_B$，所以A方案优于B方案。

(二) 净现值率的计算及应用

1. 净现值率的计算

净现值率(NPVR)，是指投资项目的净现值占原始投资现值总和的百分比。计算公式如下。

$$\text{NPVR} = 投资项目净现值 \div 原始投资额现值 \times 100\%$$

2. 净现值率的评价标准

净现值率是一个贴现的相对量评价指标。采用这种方法进行投资项目评价的标准是：若NPVR≥0，则项目可行；若NPVR＜0，则项目不可行。

3. 净现值率的优点和缺点

净现值率的优点有：考虑了资金时间价值；可以动态反映项目投资的资金投入与产出之间的关系。

净现值率的缺点有：不能直接反映投资项目的实际收益率；在资本决策过程中可能导致片面追求较高的净现值率，在企业资本充足的情况下，有降低企业投资利润总额的可能。

4. 净现值率的应用

【例题4-5】M公司的一个投资项目的建设期为1年，经营期为5年，现金净流量如表4-2所示，贴现率为10%。

表4-2 M公司现金净流量

单位：万元

年份	0	1	2	3	4	5	6
NCF_T	−100	−50	80	80	80	80	80

请问：该项目的净现值率是多少？该项目可行吗？

$NPV = -100 - 50 \times (P/F, 10\%, 1) + 80 \times (P/A, 10\%, 5) \times (P/F, 10\%, 1) = 130.23$

净现值率为：$130.23 \div (100 + 50 \times (P/F, 10\%, 1)) = 89.6\%$

因为净现值率大于等于零，所以该项目可行。

(三) 现值指数的计算及应用

1. 现值指数的计算

现值指数是投资项目的未来现金净流量现值与原始投资额现值之比。计算公式如下。

$$现值指数 = 未来现金净流量现值 \div 原始投资额现值 = 1 + 净现值率$$

2. 现值指数的评价标准

若现值指数大于或等于1，方案可行，说明方案实施后的投资报酬率高于或等于必要报酬率；若现值指数小于1，方案不可行，说明方案实施后的投资报酬率低于必要报酬率；现值指数越大方案越好。

3. 现值指数与净现值的区别

现值指数法是净现值法的辅助方法，在各方案原始投资额现值相同时，实质上就是净现值法。由于现值指数是未来现金净流量现值与所需投资额现值之比，是一个相对数指标，反映了投资效率，所以用现值指数指标来评价独立投资方案，可以克服净现值指标不便于对原始投资额现值不同的独立投资方案进行比较和评价的缺点，从而使对方案的分析评价更加合理、客观。

4. 现值指数的应用

【例题4-6】M公司甲、乙两个投资方案的现金流量表如表4-3和表4-4所示。

表4-3 甲方案现金流量表

单位：万元

甲	0	1	2	3	4	5
NCF_T	−50 000	17 020	17 020	17 020	17 020	17 020

表4-4　乙方案现金流量表

单位：万元

乙	0	1	2	3	4	5
NCF_T	−75 000	20 500	20 800	20 800	20 800	44 000

假设资本成本率为10%，试用现值指数法判断甲、乙两方案是否可行。

甲：$PI = 17\ 020(P/A，10\%，5) \div 50\ 000$

　　　$= 64\ 522.82 \div 50\ 000$

　　　$= 1.290\ 456\ 4$

乙：$PI = 92\ 966.5 \div 75\ 000$

　　　$= 1.239\ 553\ 33$

因为PI甲＞PI乙＞1，所以应该选甲方案。

(四) 内含报酬率的计算及应用

1. 内含报酬率的计算

内含报酬率(IRR)，是指对投资方案未来的每年现金净流量进行贴现，使所得的现值恰好与原始投资额现值相等，从而使净现值等于零时的贴现率。

内含报酬率

内含报酬率法的基本原理是：在计算方案的净现值时，以必要投资报酬率作为贴现率计算，净现值的结果往往是大于零或小于零，这就说明方案实际可能达到的投资报酬率大于或小于必要投资报酬率，而当净现值为零时，说明两种报酬率相等。根据这个原理，内含报酬率法就是要计算出使净现值等于零时的贴现率，这个贴现率就是投资方案的实际可能达到的投资报酬率。

基本公式如下。

$$NPV = \sum_{t=0}^{n} \frac{NCF_t}{(1+IRR)^t} = 0$$

2. 内含报酬率的评价标准

内含报酬率是一个贴现的正指标，当内含报酬率大于等于资金成本率时，项目可行；否则不可行；当进行多项目互斥决策时，内含报酬率越大越好。

3. 内含报酬率的优点和缺点

内含报酬率的优点有：内含报酬率反映了投资项目可能达到的报酬率，易于被高层决策人员所理解；对于独立投资方案的比较决策，如果各方案原始投资额现值不同，可以通过计算各方案的内含报酬率，反映各独立投资方案的获利水平。

内含报酬率的缺点有：计算复杂，不易直接考虑投资风险大小；在互斥投资方案决策时，如果各方案的原始投资额现值不相等，则有时无法做出正确的决策，例如，某一方案原始投资额低，净现值小，但内含报酬率可能较高，而另一方案原始投资额高，净现值大，但内含报酬率可能较低。

4. 内含报酬率的应用

【例题4-7】假设资本成本率为10%，试用内含报酬率法判断甲、乙两方案是否可行。甲、乙方案现金流量表如表4-5所示。

表4-5　甲、乙方案现金流量表

单位：万元

甲	0	1	2	3	4	5
NCF_T	−50 000	17 020	17 020	17 020	17 020	17 020
乙	0	1	2	3	4	5
NCF_T	−75 000	20 500	20 800	20 800	20 800	44 000

甲方案：每年现金净流量相等，计算年金现值系数。

年金现值系数＝原始投资÷每年现金净流量

$$=50\ 000÷17\ 020$$

$$=2.938$$

查年金现值系数表，与2.938相近的年金现值系数分别为2.991和2.745，它们所对应的贴现率分别是20%和24%，由此可知报酬率在20%～24%之间，现用插值法计算如下：当贴现率为20%时，系数为2.991；当贴现率为24%时，系数为2.745。

而现在的系数是2.938，由此列式：

$$(20\% - X) ÷ (20\% - 24\%) = 0.053 ÷ 0.246$$

解得　　　　　　　　　　　　　　$X = 20.8618\%$

即甲的内含报酬率是20.8618%。

乙方案：每年现金净流量不相等，乙方案内含报酬率测试表如表4-6所示。

表4-6　乙方案内含报酬率测试表

计算期	NCF	测试17%		测试18%	
		复利现值系数	现值	复利现值系数	现值
0	−75 000	1	−75 000	1	−75 000
1	20 500	0.855	17 527.5	0.847	17 363.5
2	20 800	0.731	15 204.8	0.718	14 934.4
3	20 800	0.624	12 979.2	0.609	12 667.2
4	20 800	0.534	11 107.2	0.516	10 732.8
5	4400	0.456	20 064	0.437	19 228
NPV			1882.1		−74.1

现用插值法计算如下。

$$(17\% - X) \div (17\% - 18\%) = 1882.1 \div 1956.2$$

解得 $\qquad\qquad\qquad\qquad\qquad\qquad X = 17.96\%$

即乙方案的内含报酬率是17.96%。

因为IRR甲 > IRR乙，所以选甲方案。

第三节 项目管理

项目管理，是指通过项目各参与方的合作，运用专门的知识、工具和方法，对各项资源进行计划、组织、协调、控制，使项目能够在规定的时间、预算和质量范围内，实现或超过既定目标的管理活动。

项目管理

一、项目管理的原则

项目管理的原则有以下几个。

(一) 注重实效，协同创新

项目应围绕项目管理的目标，强调成本效益原则，实现项目各责任主体间的协同发展、自主创新。

(二) 按级负责，分工管理

项目各责任主体，应当根据管理层次和任务分工的不同，有效行使管理职责，履行管理义务，确保项目取得实效。

(三) 科学安排，合理配置

严格按照项目的目标和任务，科学合理编制预算，严格执行预算。

二、项目管理的基本程序

企业应用项目管理工具方法一般按照可行性研究、项目立项、项目计划、项目实施、项目验收和项目后评价等程序进行。

1. 可行性研究

可行性研究，是指通过对项目在技术上是否可行、经济上是否合理、社会和环境影响是否积极等进行科学分析和论证，以最终确定项目投资建设是否进入启动程序的过程。

2. 项目立项

项目立项，是指对项目可行性研究进行批复，并确认列入项目实施计划的过程。

3. 项目计划

项目计划，是指项目立项后，在符合项目可行性报告批复相关要求的基础上，明确项目的实施内容、实施规模、实施标准、实施技术等计划实施方案，并据此编制项目执行预算的书面文件。

4. 项目实施

项目实施，是指按照项目计划，在一定的预算范围内，保质、保量按时完成项目任务的过程。通常，企业应重点从质量、成本、进度等方面，有效控制项目的实施过程，具体如下。

(1) 企业应遵循国家规定及行业标准，建立质量监督管理组织、健全质量管理制度、形成质量考核评价体系和反馈机制等，实现对项目实施过程的质量控制。

(2) 成本控制应贯穿于项目实施的全过程。企业可以通过加强项目实施阶段的投资控制，监督合同执行，有效控制设计变更，监督和控制合同价款的支付，实现项目实施过程的成本控制。

(3) 企业应通过建立进度控制管理制度，编制项目实施进度计划，制定项目实施节点；实行动态检测，完善动态控制手段，定期检查进度计划，收集实际进度数据；加强项目进度偏差原因分析，及时采取纠偏措施等，实现对项目实施过程的进度控制。

5. 项目验收

项目验收一般应由可行性研究报告的批复部门组织开展，可以从项目内容的完成情况、目标的实现情况、经费的使用情况、问题的整改情况、项目成果的意义和应用情况等方面进行验收。

6. 项目后评价

项目后评价，是指通过对项目实施过程、结果及其影响进行调查研究和全面系统回顾，与项目决策时确定的目标及技术、经济、环境、社会指标进行对比，找出差别和变化，据以分析原因、总结经验、提出对策建议，并通过信息反馈，改善项目管理决策，提高项目管理效益的过程。

企业应比对项目可行性报告的主要内容和批复文件开展项目后评价，必要时应参照项目计划的相关内容进行对比分析，进一步加强项目管理，不断提高决策水平和投资效益。

三、项目管理的工具方法

项目管理的工具方法一般包括挣值法、成本效益法、价值工程法等。

(一) 挣值法

1. 挣值法的概念

挣值，是指项目实施过程中已完成工作的价值，用分配给实际已完成工作的预算来表示。

$$挣值 = 实际工作量 \times 合同单价(合同单价等同于预算单价)$$

挣值法是一种通过分析项目实施与项目目标期望值之间的差异，从而判断项目实施成本、进度绩效的方法。

挣值法适用于项目管理中的项目实施、项目后评价等阶段。挣值法的评价基准包括成本基准和进度基准，通常可以用于检测实际绩效与评价基准之间的偏差。

2. 项目挣值的偏差

1) 进度偏差

进度偏差，是在某个给定时点上，测量并反映项目提前或落后的进度绩效指标。

进度偏差可以采用绝对数，表示为挣值与计划成本之差，如下。

$$偏差量 = 挣值 - 计划成本$$

也可采用相对数，表示为挣值与计划成本之比，如下。

$$偏差率(绩效) = 挣值 \div 计划成本$$

计划成本，是指根据批准的进度计划或预算，到某一时点应当完成的工作所需投入资金的累计值。企业应用挣值法进行项目管理，应当把项目预算分配至项目计划的各个点。其计算公式如下。

$$计划成本 = 计划工作量 \times 预算单价$$

当进度偏差为正值表示进度提前；当进度偏差为负值时表示进度延误；若进度偏差等于0，表明进度按计划执行。

企业应用挣值法开展项目管理时，既要监测挣值的增量，以判断当前的绩效状态；又要监测挣值的累计值，以判断长期的绩效趋势。

2) 成本偏差

成本偏差，是在某个给定时点上，测量并反映项目预算亏空或预算盈余的成本绩效指标。

成本偏差可以采用绝对数，表示为挣值与实际成本之差，如下。

$$偏差量 = 挣值 - 实际成本$$

也可采用相对数，表示为挣值与实际成本的比值，如下。

$$偏差率(绩效) = 挣值 \div 实际成本$$

实际成本，是指按实际进度完成的成本支出量。企业应用挣值法开展项目管理时，实际成本的计算口径必须与计划成本和挣值的计算口径保持一致。其计算公式如下。

$$实际成本＝实际工作量×实际单价$$

当成本偏差为负值时表示执行效果不佳，即实际消耗费用超过预算值即超支；反之，当成本偏差为正值时表示实际消耗费用低于预算值，表示有节余或效率高；若成本偏差等于0，表示项目按计划执行。

3. 挣值法的应用

【例题4-8】M公司打算完成一项项目，预计工程量为1000m³，预算单价为20元/m³，在工程完工的时间点检查发现，实际完成工作量为900m³，实际单价为30元/m³。

则：

计划成本＝1000×20＝20 000(元)

挣值＝900×20＝18 000(元)

实际成本＝900×30＝27 000(元)

成本偏差＝挣值-实际成本＝-9000(元)

进度偏差＝挣值-计划成本＝-2000(元)

成本偏差是负值，即实际消耗费用超过预计费用，超支；进度偏差是负值，该工程进度延误。

成本绩效指数＝挣值÷实际成本＝18 000÷27 000＝0.67

进度绩效指数＝挣值÷计划成本＝18 000÷20 000＝0.9

本绩效指数小于1，说明成本超支；进度绩效指数小于1，说明进度延后。

4. 挣值法的优缺点

1) 挣值法的优点

挣值法通过对项目当前运行状态的分析，可以有效地预测出项目的未来发展趋势，严格地控制项目的进度和成本。在出现超出预计的问题时，应用挣值法能够较快地检测出问题所在，留有充足的时间对问题进行处理和对项目进行调整。

2) 挣值法的缺点

挣值法片面注重用财权的执行情况判断事权的实施效益。挣值法属于事后控制方法，是随着项目执行的进展，比较实际水平与计划目标之间的差异，然后根据差异程度采取相应的纠正措施。挣值法不考虑项目各工序间的逻辑关系，仅根据各工序总体成本进行笼统比较。存在用项目非关键路径上取得的挣值掩盖关键路径上进度落后的可能性，影响项目绩效判断的准确性。

(二) 成本效益法

成本效益法，是指通过比较项目不同实现方案的全部成本和效益，以寻求最优投资决策的一种项目管理工具方法。其中，成本指标可以包括项目的执行成本、社会成本等；效益指标可以包括项目的经济效益、社会效益等。

成本效益法属于事前控制方法，适用于项目可行性研究阶段。

1. 成本效益法应用程序

企业应用成本效益法，一般按照以下程序进行确定项目中的收入和成本：①确定项目不同实现方案的差额收入；②确定项目不同实现方案的差额费用；③制定项目不同实现方案的预期成本和预期收入的实现时间表；④评估难以量化的社会效益和成本。

2. 成本效益法的具体应用

【例题4-9】某港口打算近期增加泊位及其附属设施。根据目前情况，公司提出了3个投资方案：①改造原泊位；②增建5万吨级泊位一个；③增建10万吨级泊位一个。表4-7给出了各投资方案的投资与运行成本年值，试从方案总成本与追加成本两个方面进行收益—成本分析，如表4-8所示。

表4-7　各投资方案的投资与运行成本年值

单位：万元

方案	投资与运行成本年值	收入年值
A_0维持现状	0	0
A_1改造现有泊位	400	700
A_2增建5万吨级泊位	1200	1600
A_3增建10万吨级泊位	1600	1900

表4-8　各投资方案的收益—成本分析

单位：万元

方案	收入年值 B	成本年值 C	总成本收益—成本分析		$\triangle B$	$\triangle C$	追加成本效益—成本分析	
			$B \div C$	$B-C$			$\triangle B \div \triangle C$	$\triangle B - \triangle C$
A_0	0	0		0				
A_1	700	400	1.75	300	700	400	1.75	300
A_2	1600	1200	1.33	400	900	800	1.125	100
A_3	1900	1600	1.19	300	300	400	0.75	-100

由总成本的收益—成本分析结果表明，除了不进行投资的方案A_0外，方案A_1、A_2、A_3的相对评价指标$B \div C$均大于1，故均可列为备选方案。由追加成本的收益—成本分析结果可知，只有方案A_3的相对评价指标($\triangle B \div \triangle C$)之值为0.75，小于1，而且其$\triangle B - \triangle C$绝对评价指标之值为负值，说明其收入的增加不足以补偿追加的成本费用，所以尽管前面总成本的收益—成本分析中，其评价指标值都符合要求，但还是应该舍去。

方案A_2和方案A_1相比，其相对评价指标之值为1.125，大于1，说明其收入增加超过了追加的成本费用，虽然小于方案A_1的相对评价指标值1.75，但方案A_2的绝对评价指标在各方案中数量最大，为400万元，所以只要不受资金限制，应选择方案A_2，此时可获得最大净年值。

3. 成本效益法的优点和缺点

1) 成本效益法的优点

成本效益法的优点有：普适性较强，是衡量管理决策可行性的基本依据；需考虑评估目标的经济与社会、直接与间接、内在与外在、短期与长期等各个维度的成本和收益，具有较强的综合性。

2) 成本效益法的缺点

成本效益法的缺点有：属于事前评价，评价方法存在的不确定性因素较多；综合考虑了项目的经济效益、社会效益等各方面，除了经济效益以外的其他效益存在较大的量化难度。

(三) 价值工程法

价值工程法，是指对研究对象的功能和成本进行系统分析，比较为获取的功能而发生的成本，以提高研究对象价值的管理方法。其中：功能指的是对象满足某种需求的效用或属性；成本指的是按功能计算的全部成本费用；价值指的是对象所具有的功能与获得该功能所发生的费用之比。

价值工程法可广泛适用于项目设计与改造、项目实施等阶段。

1. 价值工程法的程序

1) 准备阶段

选择价值工程的对象并明确目标、限制条件和分析范围；根据价值工程对象的特点，组成价值工程工作小组；制订工作计划，包括具体执行人、执行日期、工作目标等。

2) 分析阶段

收集整理与对象有关的全部信息资料；通过分析信息资料，简明准确地表述对象的功能、明确功能的特征要求，并绘制功能系统图；运用某种数量形式表达原有对象各功能的大小，求出原有对象各功能的当前成本，并依据对功能大小与功能当前成本之间关系的研究，确定应当在哪些功能区域改进原有对象，并确定功能的目标成本。

3) 创新阶段

依据功能系统图、功能特性和功能目标成本，通过创新性的思维和活动，提出实现功能的各种不同方案；从技术、经济和社会等方面评价所提出的方案，看其是否能实现规定的目标，从中选择最佳方案；将选出的方案及有关的经济资料和预测的效益编写成正式的提案。

4) 实施阶段

组织提案审查，并根据审查结果签署是否实施的意见；根据具体条件及内容，制订实施计划，组织实施，并指定专人在实施过程中跟踪检查，记录全程的有关数据资料，必要时，可再次召集价值工程工作小组提出新的方案；根据提案实施后的技术经济效果，进行成果鉴定。

2. 价值工程法的应用

【例4-10】M公司打算建3栋楼，其设计方案可以选用A、B、C 3个方案，各方案功能权重及功能得分如表4-9所示。

表4-9　各方案功能权重及功能得分

方案功能	功能权重	得分		
		A	B	C
F1	0.25	10	10	8
F2	0.05	10	10	9
F3	0.25	8	9	7
F4	0.35	9	8	7
F5	0.10	9	7	8
单位造价(元/平方米)		1438	1108	1082

要求：

(1) 计算各方案的功能系数。

(2) 计算各方案的成本系数。

(3) 计算各方案的价值系数。

(4) 进行方案选择。

(1)

各方案的功能得分如下。

$F_A = 10 \times 0.25 + 10 \times 0.05 + 8 \times 0.25 + 9 \times 0.35 + 9 \times 0.10 = 9.05$

$F_B = 10 \times 0.25 + 10 \times 0.05 + 9 \times 0.25 + 8 \times 0.35 + 7 \times 0.10 = 8.75$

$F_C = 8 \times 0.25 + 9 \times 0.05 + 7 \times 0.25 + 7 \times 0.35 + 8 \times 0.10 = 7.45$

总得分：$F_A + F_B + F_C = 25.25$

则功能系数为如下。

A：$9.05 \div 25.25 = 0.358$

B：$8.75 \div 25.25 = 0.347$

C：$7.45 \div 25.258 = 0.295$

(2)

各方案的成本系数如下。

A：$1438 \div (1438 + 1108 + 1082) = 0.396$

B：$1108 \div (1438 + 1108 + 1082) = 0.305$

C：$1082 \div (1438 + 1108 + 1082) = 0.298$

(3)

各方案的价值系数如下。

A：0.358÷0.396＝0.904

B：0.347÷0.305＝1.138

C：0.295÷0.298＝0.990

(4)

方案选择：方案B的价值系数最高，故B为最优方案。

3. 价值工程法的优点和缺点

1) 价值工程法的优点

价值工程法的优点有：把项目的功能和成本联系起来，通过削减过剩功能、补充不足功能使项目的功能结构更加合理化；着眼于项目成本的整体分析，注重有效利用资源，有助于实现项目整体成本的最优化。

2) 价值工程法的缺点

价值工程法的缺点有：要求具有较全面的知识储备，不同性质的价值工程分析对象涉及的其他领域的学科性质，以及其他领域的广度和深度等都存在很大差别，导致功能的内涵、结构和系统特征必然具有实质性区别。

▌本章小结▐

投资管理主要包括直接投资和间接投资、项目投资与证券投资、发展性投资与维持性投资、对内投资和对外投资、独立投资和互斥投资。

融资管理主要包括：股权融资、债务融资及衍生工具融资，直接融资与间接融资，内部融资与外部融资，长期融资与短期融资。

净现值，是指在项目计算期内，按行业基准收益率或企业设定的贴现率计算的投资项目未来各年现金净流量现值的代数和。公式为：$NPV = \sum_{t=0}^{n} \dfrac{NCF_t}{(1+i)^t}$。单项决策时，若NPV≥0，则项目可行；若NPV＜0，则项目不可行；多项互斥投资决策时，在净现值大于零的投资项目中，选择净现值较大的投资项目。

净现值率(NPVR)，是指投资项目的净现值占原始投资现值总和的百分比。公式为：$NPVR = \dfrac{投资项目净现值}{原始投资额现值} \times 100\%$。净现值率是一个贴现的相对量评价指标。采用这种方法进行投资项目评价时，若NPVR≥0，则项目可行；若NPVR＜0，则项目不可行。

现值指数是投资项目的未来现金净流量现值与原始投资额现值之比。计算公式为：现值指数 $= \dfrac{未来现金净流量现值}{原始投资额现值} = 1 + 净现值率$。采用这种方法进行投资项目评价时，若现值指数大于或等于1，则方案可行；若现值指数小于1，则方案不可行，现值指数越大，方案越好。

内含报酬率(IRR)，是指对投资方案未来的每年现金净流量进行贴现，使所得的现值恰好与原始投资额现值相等，从而使净现值等于零时的贴现率。基本公式为：$NPV = \sum_{t=0}^{n} \frac{NCF_t}{(1+IRR)^t} = 0$。当内含报酬率大于等于资金成本率时，项目可行；否则不可行；当进行多项目互斥决策时，内含报酬率越大越好。

挣值法是一种通过分析项目实施与项目目标期望值之间的差异，从而判断项目实施的成本、进度绩效的方法，主要包括3个成本、2个偏差、2个绩效指数。

成本效益法，是指通过比较项目不同实现方案的全部成本和效益，以寻求最优投资决策的一种项目管理工具方法。成本指标可以包括项目的执行成本、社会成本等，效益指标可以包括项目的经济效益、社会效益等。

成本效益法的应用按以下程序进行：①确定项目不同实现方案的差额收入；②确定项目不同实现方案的差额费用；③制定项目不同实现方案的预期成本和预期收入的实现时间表；④评估难以量化的社会效益和成本。

价值工程法，是指对研究对象的功能和成本进行系统分析，比较为获取的功能而发生的成本，以提高研究对象价值的管理方法。价值工程法的三要素是功能、成本、价值，其中，功能是指对象满足某种需求的效用或属性；成本是指按功能计算的全部成本费用，设计者要寻求以尽可能低的成本来实现原有功能的方法；价值是指对象所具有的功能与获得该功能所发生的费用之比，即价值=功能÷成本。

提高价值的途径有：功能不变，降低成本；成本不变，功能提高；提高功能，降低成本；小幅度降低功能，大幅度降低成本；小幅度追加成本，大幅度提高功能。

课程思政元素

投融资管理与职业品格教育

1. 深化职业精神和职业品格教育

作为未来的财务人员，必须深刻理解并自觉践行财务工作职业精神和职业规范，敬业爱岗、熟悉法规、客观公正、依法办事、保守秘密、搞好服务；同时通过课程思政，引导学生把握财务管理课程的精髓，培养学生良好的职业精神和职业品格，培养时间价值观念、风险意识、融会贯通能力、数据思维、承挫能力、辩证思维、创新创业意识、社会责任感，打造数字化智能时代复合型财务人才。

2. 营造劳动光荣的社会风尚和敬业风气

管理会计与技能大赛相结合，展现了新时代的工匠精神，也践行了中国共产党第十九次全国代表大会报告中"建设知识型、技能型、创新型劳动大军，弘扬劳模精神和工匠精神，营造劳动光荣的社会风尚和精益求精的敬业风气"。

3. 培养学生积极的态度

本章内容比较复杂，需要学生付出较大的努力和耐心来学习。本章节教学主要培养学生养成积极的态度和自学、自省、自控的能力，以及养成坚持做好每一件事的品德。

▌同步练习▌

第一节 投融资管理认知

一、单项选择题

1. 下列不是投融资管理原则的是( )。

    A. 价值创造原则   B. 战略导向原则

    C. 风险匹配原则   D. 共同收益原则

2. 下列属于债务融资方式的有( )。

    A. 吸收直接投资   B. 发行股票

    C. 融资租赁   D. 发行优先股

3. 关于直接融资和间接融资，下列表述错误的是( )。

    A. 直接融资仅可以融集股权资金   B. 直接融资的融资费用较高

    C. 发行股票属于直接融资   D. 融资租赁属于间接融资

4. 下列融资方式中属于间接融资的是( )。

    A. 优先股   B. 银行借款

    C. 发行债券   D. 债券

5. 以下不属于企业投资管理程序的是( )。

    A. 制订投资计划   B. 进行可行性分析

    C. 实施预算控制   D. 投资评价

二、判断题

1. 企业在初创期通常采用外部融资，而在成长期采用内部融资。   ( )

2. 价值创造原则指的是投融资管理应以持续创造企业价值为核心。   ( )

3. 价值工程中总成本是指生产成本。   ( )

4. 成本效益分析法中，成本指标包括项目的执行成本、社会成本。   ( )

5. 按投资对象的存在形态和性质，企业投资可以划分为项目投资和证券投资。   ( )

第二节　贴现现金流法

一、单项选择题

1. 某人将10 000元存入银行，银行的年利率为10%，按复利计算，则3年后此人可从银行取出(　　)元。

    A. 17 716　　　　　　　　　　　　B. 15 386

    C. 13 310　　　　　　　　　　　　D. 146 641

2. 某人希望在3年后取得本利和1000元，用于支付一笔款项。若按单利计算，利率为4%，那么，他现在应存入(　　)元。

    A. 248　　　　　　　　　　　　　B. 900

    C. 950　　　　　　　　　　　　　D. 780

3. 普通年金，是指在一定时期内每期(　　)等额收付的系列款项。

    A. 期初　　　　　　　　　　　　B. 期末

    C. 期中　　　　　　　　　　　　D. 期内

4. 若某人按4年分期付款购物，每年年初付100元，设银行利率为10%，则该项分期付款相当于一次现金支付的购价是(　　)元。

    A. 345.69　　　　　　　　　　　B. 758.2

    C. 1200　　　　　　　　　　　　D. 354.32

5. 下列各项中属于即付年金终值系数的是(　　)。

    A. $[(F/A, i, n+1)+1]$　　　　　　B. $[(F/A, i, n+1)-1]$

    C. $[(F/A, i, n-1)-1]$　　　　　　D. $[(F/A, i, n-1)+1]$

6. 某公司老板希望5年后取得本利和20 000元，用以支付女儿的学费，银行利率是5%，如果以单利计息，老板现值应该存入银行的资金是(　　)元。

    A. 6669　　　　　　　　　　　　B. 7779

    C. 8889　　　　　　　　　　　　D. 9999

7. 某公司投资某一项目，希望从第5年开始每年年末取得5万元的收益，投资期限是10年，假定年利率是5%，则年前应该投资(　　)万元。

    A. 19.59　　　　　　　　　　　　B. 20.88

    C. 18.48　　　　　　　　　　　　D. 14.21

8. 投资金额相同，投资期限相同，净现值(　　)的项目比较好。

    A. 越大　　　　　　　　　　　　B. 越小

    C. 无关　　　　　　　　　　　　D. 不确定

9. 如果某一投资方案的净现值为正数，则下列选项必然正确的是(　　)。

    A. 一般情况下应按复利方式来计算　　B. 现值指数大于1

    C. 总投资收益率高于100%　　　　　D. 年均现金净流量大于原始投资额

10. 对现值指数法来说，当原始投资额现值相等时，与以下方法对等的是( )。

    A. 净现值法   B. 年金净流量法

    C. 内含报酬率法   D. 回收期法

11. 若设定贴现率为i时，NPV$>$0，则下列选项正确的是( )。

    A. IRR$>i$，应降低贴现率继续测试   B. IRR$>i$，应提高贴现率继续测试

    C. IRR$<i$，应降低贴现率继续测试   D. IRR$<i$，应降低贴现率继续测试

12. 净现值指数，是指净现值与( )之比。

    A. 投资总额   B. 投资年值

    C. 投资现值   D. 投资未来值

13. 项目投资决策中，完整的项目计算期是指( )。

    A. 建设期+达产期   B. 建设期

    C. 生产经营期   D. 建设期+生产经营期

14. 某投资项目原始投资额为100万元，使用寿命为10年，已知该项目第10年的经营净现金流量为20万元，期满处置固定资产残值收入及回收流动资金共8万元，则该投资项目第10年的净现金流量为( )万元。

    A. 38   B. 25

    C. 8   D. 28

15. 在评价单一方案的财务可行性时，如果不同评价指标之间的评价结论发生了矛盾，就当以主要评价指标的结论为准，如下列项目中的( )。

    A. 净现值   B. 现金净流量

    C. 投资收益率   D. 投资回收期

16. 对投资规模不同的两个独立投资项目进行评价，应优先选择( )。

    A. 净现值大的方案   B. 项目周期短的方案

    C. 内含报酬率大的方案   D. 投资额小的方案

17. 以下属于净现值法缺点的是( )。

    A. 考虑了项目计算期的全部净现金流量

    B. 考虑了资金时间价值

    C. 无法反映项目的实际收益率

    D. 考虑了投资风险

18. 某投资方案，当折现率为14%时，其净现值为220元；当折现率为18%时，其净现值为-10元，则该方案的内含报酬率可能是( )。

    A. 11%   B. 12%

    C. 17%   D. 18%

二、多项选择题

1. 对于资金时间价值，下列表述正确的有( )。

   A. 一般情况下应按复利方式来计算

   B. 可以直接用短期国债利率来表示

   C. 是指一定量资金在不同时点上的价值量差额

   D. 相当于没有风险和没有通货膨胀条件下的社会平均资金利润率

2. 下列关于普通年金现值正确的表述为( )。

   A. 普通年金现值，是指为在每期期末取得相等金额的款项，现在所需要投入的金额

   B. 普通年金现值，是指未来一定时间的特定资金按复利计算的现值

   C. 普通年金现值，是指一定时期内每期期末等额收付款项的复利现值之和

   D. 普通年金现值，是指在一定时期内每期期初取得相等金额的款项，现在所需要投入的金额

3. 净现值法的优点有( )。

   A. 考虑了资金时间价值　　　　　　B. 考虑了项目计算期的全部净现金流量

   C. 考虑了投资风险　　　　　　　　D. 可从动态上反映项目的实际收益率

4. 净现值法和现值指数法进行决策时，方案可行的标准是( )。

   A. 净现值>0　　　　　　　　　　B. 净现值<0

   C. 现值指数大于1　　　　　　　　D. 现值指数小于1

5. 下列长期投资决策评价指标中，数值越大越好的是( )。

   A. 投资利润率　　　　　　　　　　B. 现值指数

   C. 净现值率　　　　　　　　　　　D. 投资回收期

6. 下列指标中，属于动态指标的有( )。

   A. 净现值率　　　　　　　　　　　B. 内部收益率

   C. 获利指数　　　　　　　　　　　D. 投资利润率

7. 若建设期不为零，则建设期内各年的现金净流量可能会( )。

   A. 等于0　　　　　　　　　　　　B. 等于1

   C. 大于1　　　　　　　　　　　　D. 小于0

8. 贴现现金流法包括( )。

   A. 净现值法　　　　　　　　　　　B. 现值指数法

   C. 成本效益法　　　　　　　　　　D. 内含报酬率法

9. 下列指标不能直接反映投资项目的实际收益水平的有( )。

   A. 内部收益率　　　　　　　　　　B. 现值指数

   C. 净现值率　　　　　　　　　　　D. 净现值

三、判断题

1. 年金，是指在一定时期内每期期初等额收付的系列款项。　　　　　（　　）

2. 递延年金现值的大小与递延期无关，但是计算方法和普通年金现值不一样。　（　　）

3. 现值指数不可以对原始投资额现值不同的独立投资方案进行比较和评价。　（　　）

4. 某投资方案，当贴现率为12%时，其净现值为2万元；当贴现率为14%时，其净现值为−1万元，则该方案的内含报酬率高于12%，但低于14%。　　　　　（　　）

5. 投资回收期，是指收回全部投资额所需要的时间，因而又被称为投资还本期。（　　）

6. 获利指数，也称为现值比率，指未来现金流入现值与投资额现值的比率。　（　　）

7. 内含报酬率，是指项目投资实际可望达到的报酬率，也可将其定义为能使投资项目的净现值等于零的折现率。　　　　　（　　）

四、计算题

1. 甲企业计划投资一条新的生产线，项目一次性总投资500万元，投资期为3年，营业期为10年，营业期每年可产生现金净流量130万元。甲企业要求的年投资报酬率为9%。已知$(P/A，9\%，13)=7.4869$，$(P/A，9\%，10)=6.4177$，$(P/A，9\%，3)=2.5313$。

要求：

(1) 计算该项目的现值指数。

(2) 评价该项目的可行性。

2. 甲公司计划投资一条新的生产线，项目一次性总投资900万元，投资建设期为3年，经营期为10年，经营期每年可产生现金净流量250万元。若资本成本率为9%，则甲公司该项目的净现值是多少？ 已知$(P/A，9\%，13)=7.4869$，$(P/A，9\%，10)=6.4177$，$(P/A，9\%，3)=2.5313$。

第三节　项目管理

一、单项选择题

1. 以下不是项目管理的工具方法的是(　　)。

    A. 挣值法　　　　　　　　　　B. 成本效益法

    C. 价值工程法　　　　　　　　D. 净现值法

2. 以下不是挣值法关键变量的是(　　)。

    A. 项目计划成本　　　　　　　B. 项目实际成本

    C. 项目挣值　　　　　　　　　D. 项目进度偏差

3. 成本效益法属于(　　)方法，适用于项目可行性研究阶段。

    A. 事前控制　　　　　　　　　B. 事中控制

    C. 事后控制　　　　　　　　　D. 以上全是

4. 成本效益法中的效益指标包括(　　)。

　　A. 执行成本　　　　　　　　　　B. 社会成本

　　C. 经济成本　　　　　　　　　　D. 社会效益

5. 在价值工程中，下列不能提高产品价值途径的是(　　)。

　　A. 产品成本不变，提高功能水平　　B. 产品功能不变，降低成本

　　C. 降低产品成本，提高功能水平　　D. 产品功能下降，成本提高

二、判断题

1. 成本效益法中成本指的是执行成本。　　　　　　　　　　　　　　　　(　　)

2. 成本效益法属于事前控制方法，不适于项目可行性研究。　　　　　　(　　)

3. 挣值法广泛适用于项目管理中的项目实施、项目后评价等阶段。　　　(　　)

4. 当成本偏差是负值时，表示执行效果不佳，即实际费用超过预算值。　(　　)

5. 价值工程法可广泛用于项目设计与改造、项目实施等阶段。　　　　　(　　)

习题参考答案

第五章 预算管理

学习目标

知识目标

熟悉预算管理的定义、内容、原则、应用环境；了解预算管理体系；熟悉预算管理的程序；掌握弹性预算、零基预算、滚动预算的编制方法；掌握经营预算、专门决策预算和财务预算的编制内容。

能力目标

能够熟练运用编制预算的方法；能够编制经营预算、专门决策预算和财务预算。

素质目标

意识到预算管理对企业发展的重要性；树立"凡事预则立，不预则废"的思想，引导学生传承中华文化，富有中国心；培养学生良好的职业习惯。

引导案例

隆盛集团公司全面预算管理

隆盛集团公司目前拥有两个控股子公司、三个全资子公司和十几个分支机构。近年来，隆盛集团逐步建立和完善了一套切合本企业实际的以财务管理为中心的企业经济运行新机制，把企业全面预算控制制度作为贯彻落实以财务管理为中心的基本制度。在内容上，全面预算体系具体包括资本性支出预算、销售预算、产量预算、采购预算、成本预算、各项费用预算、现金预算和总预算8个预算。

隆盛集团全面预算的编制按时间分为年度预算编制和月度预算编制。月度预算是为确保年度预算的实现，经过科学的计划组织与分析，结合本企业不同时期动态的生产经营情况进行编制。具体明确6个要点：①预算编制原则，先急后缓、统筹兼顾、量入为出；②预算编制程序，自上而下、自下而上、上下结合；③预算编制基础，集团年度预测目标；④预算编制重点，销售预算；⑤预算前提，企业方针、目标、利润；⑥预算指标的确定，年度预算股东大会审议批准，月度预算董事会审议批准。

全面预算编制紧紧围绕资金收支两条线，涉及企业生产经营活动的方方面面，将产供销、人财物全部纳入预算范围，每个环节疏而不漏，具体细化到：①销售收入、税金、利润及利润分配预算；②产品产量、生产成本、销售费用、财务费用预算；③材料、物资、设备采购预算；④工资及奖金支出预算；⑤大、中、小修理预算；⑥固定资产基建、技改、折旧预算；⑦各项基金提取及使用预算；⑧对外投资预算；⑨银行借款及还款预算；⑩货币资金收支预算等。预算编制过程中，每一收支项目的数字指标需依据充分确实的材料，并总结出规律，进行严密的计算，不能随意编造。全面预算确定后，层层分解到各分厂、车间、部门、处室，各部门再落实到每个人，从而使每个人都紧紧围绕预算目标各负其责，各司其职。

年度、月度全面预算下达后，就成为企业生产经营经济运行所遵循的基本准则，在执行过程中要做到：

① 有效控制。权限由总经理掌握，控制月度各预算项目实际发生值与预算控制计划值差额比例在5%之内；年度各预算项目实际发生值与预算控制比例差额比例在4%～5%，若遇特殊突发事件超出年度预算、月度预算差额控制比例的开支项目，则由开支部门提出书面申请，按程序逐级申报并经原批准机构审议通过后实施。

② 信息及时反馈。建立信息反馈系统，对各公司、部门执行预算的情况进行跟踪监控，不断调整执行偏差，确保预算目标的实现。

全面预算实现了财务部门对整个生产经营活动的动态监控，加强了财务部门与其他部门之间的联系，尤其是财务部门与购销业务部门的沟通。全面预算控制制度的正常运行必须建立在规范的分析和考核的基础上，财务部门根据某个时期(月度、年度)企业静态的会计资料的反映和各部门会计派驻员掌握的动态经济信息，全面、系统地分析各部门预算项目的完成情况和存在的问题，并提出纠偏的建议和措施，报经总经理批准后协同职能部门按程序对各部门的预算执行情况进行全面考核，经被考核部门、责任人确认后奖惩兑现。

全面预算控制制度的实施，规范了企业生产经营活动的行为，将企业各项经济行为都纳入了科学的管理轨道，基本上在物资和货币资金及经营等方面实现了企业资金流、信息流、实物流的同步控制，为企业进入市场，以市场为导向打下了基础。

思考：

谈一谈你对隆盛集团全面预算制度的认识及该制度对企业的好处。

第一节 预算管理认知

预算管理认知

一、预算管理的概念

预算，是指企业在科学的生产经营预测与决策的基础上，用价值和实物等多种指标反映企业未来一定时期内的生产经营状况、经营成果及财务状况等的一系列具体计划。预算既是计划工作的结果，又是控制生产经营活动的依据。

我国《管理会计应用指引第200号—预算管理》指出：预算管理，是指企业以战略目标为导向，通过对未来一定期间内的经营活动和相应的财务结果进行全面预测和筹划，科学、合理配置企业各项财务和非财务资源，并对执行过程进行监督和分析，对执行结果进行评价和反馈，指导经营活动的改善和调整，进而推动实现企业战略目标的管理活动。

二、预算管理的内容

预算管理的内容主要包括经营预算、专门决策预算和财务预算，如图5-1所示。

图 5-1 预算管理的内容

经营预算(也称为业务预算)，是指与企业日常业务直接相关的一系列预算，包括销售预算、生产预算、采购预算、费用预算、人力资源预算等。

专门决策预算，是指企业重大的或不经常发生的、需要根据特定决策编制的预算，包括投融资决策预算等。

财务预算，是指与企业资金收支、财务状况或经营成果等有关的预算，包括资金预算、预计资产负债表、预计利润表等。

三、预算管理的原则

企业进行预算管理，一般应遵循以下原则。

(一) 战略导向原则

预算管理应围绕企业的战略目标和业务计划有序开展，引导各预算责任主体聚焦战略、专注执行、达成绩效。

(二) 过程控制原则

预算管理应通过及时监控、分析等把握预算目标的实现进度并实施有效评价，对企业经营决策提供有效支撑。

(三) 融合性原则

预算管理应以业务为先导、以财务为协同，将预算管理嵌入企业经营管理活动的各个领域、层次、环节。

(四) 平衡管理原则

预算管理应平衡长期目标与短期目标、整体利益与局部利益、收入与支出、结果与动因等关系，促进企业可持续发展。

(五) 权变性原则

预算管理应刚性与柔性相结合，强调预算对经营管理的刚性约束，可根据内外环境的重大变化调整预算，并针对例外事项进行特殊处理。

四、预算管理的工具方法

预算管理领域应用的管理会计工具方法，一般包括滚动预算、零基预算、弹性预算、作业预算等，如图5-2所示。企业可根据其战略目标、业务特点和管理需要，结合不同工具方法的特征及适用范围，选择恰当的工具方法综合运用。

图 5-2　预算管理的工具方法

企业可整合预算与战略管理领域的管理会计工具方法，强化预算对战略目标的承接分解；整合预算与成本管理、风险管理领域的管理会计工具方法，强化预算对战略执行的过程控制；整合预算与营运管理领域的管理会计工具方法，强化预算对生产经营的过程监控；整合预算与绩效管理领域的管理会计工具方法，强化预算对战略目标的标杆引导。

五、预算管理的应用环境

企业实施预算管理的基础环境包括战略目标、业务计划、组织架构、内部管理制度、信息系统等。

(一) 战略目标

企业应按照战略目标，确立预算管理的方向、重点和目标。

企业应将战略目标和业务计划具体化、数量化作为预算目标，促进战略目标落地。

(二) 业务计划

业务计划，是指按照战略目标对业务活动的具体描述和详细计划。

(三) 组织架构

企业可设置预算管理委员会等专门机构组织、监督预算管理工作。该机构的主要职责包括：审批公司预算管理制度、政策，审议年度预算草案或预算调整草案并报董事会等机构审批，监控、考核本单位的预算执行情况并向董事会报告，协调预算编制、预算调整及预算执行中的有关问题等。

预算管理的机构设置、职责权限和工作程序应与企业的组织架构和管理体制互相协调，保障预算管理各环节职能衔接，流程顺畅。

预算管理的管理机构示意图如图5-3所示。

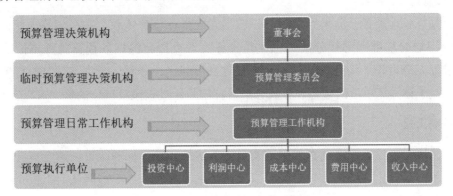

图 5-3　预算管理的管理机构示意图

(四) 内部管理制度

企业应建立健全预算管理制度、会计核算制度、定额标准制度、内部控制制度、内部审计制度、绩效考核和激励制度等内部管理制度，夯实预算管理的制度基础。

(五) 信息系统

企业应充分利用现代信息技术，规范预算管理流程，提高预算管理效率。

六、预算管理的应用程序

企业应用预算管理工具方法，一般按照预算编制、预算控制、预算调整、预算考核等程序进行，如图5-4所示。

图 5-4　预算管理的程序示意图

(一) 预算编制

企业应建立和完善预算编制的工作制度，明确预算编制依据、编制内容、编制程序和编制方法，确保预算编制依据合理、内容全面、程序规范、方法科学，确保形成各层级广泛接受的、符合业务假设的、可实现的预算控制目标。

企业一般按照分级编制、逐级汇总的方式，采用自上而下、自下而上、上下结合或多维度相协调的流程编制预算。预算编制流程与编制方法的选择应与企业现有管理模式相适应。

1. 下达目标

企业预算管理委员会根据企业发展战略和预算期经济形势的初步预测，在决策的基础上提出下一年度企业全面预算目标，并确定全面预算编制的政策制度，由预算管理委员会下达至各预算执行单位。

企业预算管理委员会分解预算目标，应当建立指标分解体系，并在与各预算执行单位进行充分沟通的基础上进行分解。也就是预算管理委员会根据各预算执行单位的具体职能，在进行充分讨论、沟通的基础上，将预算目标细化、分解，产生各预算执行单位的量化目标。赋予该预算单位的任务和预算分解目标应是通过该预算单位的努力可以实现的。

2. 编制上报

各预算执行单位按照企业预算管理委员会下达的预算目标和政策，结合自身特点及预测的执行条件，提出详细的本单位预算方案，经本单位负责人审核确认后上报企业预算管理委员会。

3. 审查平衡

企业预算管理委员会对各预算执行单位上报的预算方案进行审查、汇总，提出综合平衡的建议。在审查、平衡过程中，预算管理委员会应当进行充分协调，对发现的问题提出初步调整的意见，并反馈给有关预算执行单位予以修正。这个过程需要多次反复，经多次协调仍达不到一致的，应向预算管理委员会汇报，以确定是否需要调整有关预算执行单位的预算目标，并最终达成综合平衡。

4. 审议批准

企业预算管理部门根据各预算执行单位修正调整好后的上报的预算草案，汇总编制整个企业的全面预算方案，报财务预算委员会讨论。对于不符合企业发展战略或预算目标的事项，企业预算管理委员会应当责成有关预算执行部门进一步修订、调整。在讨论、调整的基础上，企业预算管理部门正式编制企业年度全面预算草案，提交董事会或经理办公会审议批准。

预算审批包括预算内审批、超预算审批、预算外审批等。预算内审批事项，应简化流程，提高效率；超预算审批事项，应执行额外的审批流程；预算外审批事项，应严格控制，防范风险。

5. 下达执行

企业预算管理部门对董事会或经理办公会审议批准的年度总预算，分解成一系列的指标体系，由财务预算委员会以正式文件形式逐级下达至各预算执行单位执行。

在全面预算最终审批执行之前，其从编制到报批一般要经过自上而下和自下而上的多次反复。只有经过这样一个上下反复的过程，才能实现各层预算组织之间的充分沟通和协调，才能提高预算编制的合理性和准确性，才能使最终付诸实施的预算既符合企业的发展目标，又符合企业内部各部门、各环节的具体情况。

(二) 预算控制

预算控制，是指企业以预算为标准，通过预算分解、过程监督、差异分析等促使日常经营不偏离预算标准的管理活动。

企业应当将预算作为预算期内组织、协调各项经营活动的基本依据，将年度预算细分为季度预算和月度预算，通过分期预算控制确保年度预算目标的实现。企业在执行预算过程中，应做到以下几点。

(1) 企业应建立预算授权控制制度，强化预算责任，严格预算控制。

(2) 企业应建立预算执行的监督、分析制度，提高预算管理对业务的控制能力。

(3) 企业应将预算目标层层分解至各预算责任中心。预算分解应按各责任中心权、责、利相匹配的原则进行，既公平合理，又有利于企业实现预算目标。

(4) 企业应通过信息系统展示、会议、报告、调研等多种途径及形式，及时监督、分析预算执行情况，分析预算执行差异的原因，提出对策建议。

(三) 预算调整

年度预算经批准后，原则上不做调整。企业应在制度中严格明确预算调整的条件、主体、权限和程序等事宜，当内外战略环境发生重大变化或突发重大事件等，导致预算编制的基本假设发生重大变化时，可进行预算调整。

企业调整预算，应当由预算执行单位逐级向企业预算委员会提出书面报告，阐述预算执行的具体情况、客观因素变化情况及其对预算执行造成的影响程度，提出预算指标的调整幅度。

企业预算管理工作机构应当对预算执行单位的预算调整报告进行审核分析，集中编制企业年度预算调整方案，提交预算委员会乃至董事会或经理办公会进行审议批准，然后下达执行。

对于预算执行单位提出的预算调整事项，企业进行决策时，一般应当遵循以下要求。

(1) 预算调整事项不能偏离企业发展规划。

(2) 预算调整方案应当在经济上能够实现最优化。

(3) 预算调整重点应当放在预算执行中出现的重大的、非正常的、不符合常规的关键性差异方面。

(四) 预算考核

预算考核主要针对定量指标进行考核，是企业绩效考核的重要组成部分。企业应按照公开、公平、公正的原则实施预算考核。

企业应建立健全预算考核制度，并将预算考核结果纳入绩效考核体系，切实做到有奖有惩、奖惩分明。

预算考核主体和考核对象的界定应坚持上级考核下级、逐级考核、预算执行与预算考核职务相分离的原则。

预算考核以预算完成情况为考核核心，通过预算执行情况与预算目标的比较，确定差异并查明产生差异的原因，进而据以评价各责任中心的工作业绩，并通过与相应的激励制度挂钩，促进其与预算目标相一致。

第二节　预算编制的方法

编制预算是一项专业性、技术性和操作性很强的工作。编制全面预算需采用专门的方法，预算管理领域应用的管理会计工具方法，一般包括固定预算、弹性预算、增量预算、零基预算、定期预算、滚动预算等。企业可根据其战略目标、业务特点和管理需要，结合不同工具方法的特征及适用范围，选择恰当的工具方法综合运用。

一、固定预算和弹性预算

编制预算的方法按其业务量基础的数量特征不同，可分为固定预算和弹性预算两类。

固定预算与
弹性预算

(一) 固定预算

1. 固定预算的定义

固定预算，又称为静态预算，是指以预算期内正常的、最可能实现的某一业务量水平为固定基础，不考虑可能发生的变动的预算编制方法。

2. 固定预算的适用范围

固定预算一般适用于固定费用或数额比较稳定的预算项目。它是把企业预算期的业务量固定在某一预计水平上，并以此作为唯一的基础来编制预算。

3. 固定预算的编制

【例题5-1】M公司一直采用固定预算法编制制造费用预算，2020年制造费用预算(按固定预算编制)和实际费用如表5-1所示。

表5-1　M公司制造费用预算和实际费用

单位：元

成本项目	预算费用 (100 000直接人工工时)	实际费用 (120 000直接人工工时)
辅助工人工资	10 000	12 000
物料费	20 000	22 000
管理人员工资	80 000	80 000
保险费	70 000	70 000
折旧费	150 000	150 000
合计	330 000	334 000

　　M公司实际制造费用为334 000元，比固定预算法编制的制造费用预算330 000元超支了4000元。但实际业务量(直接人工工时)比预算增加了20%。

　　可以看出，实际费用脱离预算费用的差异既有费用水平变动的差异，也有业务量变动的差异。而业务量不一致所导致的成本差异缺乏可比性，在此基础上进行成本费用分析毫无意义。很显然，这种以固定不变的业务量水平所编制的预算，当预计业务量与实际业务量相差过大时，必然导致有关成本费用及利润的实际水平与预算水平因基础不同而失去可比性，不便于预算的控制与考核。

(二) 弹性预算

1. 弹性预算的定义

　　弹性预算，是指企业在分析业务量与预算项目之间数量依存关系的基础上，分别确定不同业务量及其相应预算项目所消耗资源的预算编制方法。弹性预算是相对于固定预算的一种编制方法。

　　业务量，是指企业销售量、产量、作业量等与预算项目相关的弹性变量。

2. 弹性预算的适用范围

　　弹性预算也称为变动预算，适用于企业各项预算的编制，特别是市场、产能等存在较大不确定性，且其预算项目与业务量之间存在明显的数量依存关系的预算项目。弹性预算提供了不同业务量条件下的预算收支，适应面更宽，弹性空间大。

3. 弹性预算的应用环境

　　企业应用弹性预算工具方法，除应遵循我国《管理会计应用指引第200号——预算管理》中对应用环境的一般要求外，还应遵循以下要求。

　　(1) 企业应用弹性预算工具方法，应合理识别与预算项目相关的业务量，长期跟踪、完整记录预算项目与业务量的变化情况，并对两者的数量依存关系进行深入分析。

(2) 企业应用弹性预算工具方法，应成立由财务、战略和有关业务部门组成的跨部门团队。

(3) 企业应合理预测预算期的可能业务量，借助信息系统或其他管理会计工具方法，匹配和及时修订弹性定额。

4. 弹性预算的应用程序

企业应用弹性预算工具方法，一般按照以下程序进行。

(1) 企业选择的弹性预算适用项目一般应与业务量有明显数量依存关系，且企业能有效分析该数量依存关系，并积累了一定的分析数据。企业在选择成本费用类弹性预算适用项目时，还要考虑该预算项目是否具备较好的成本性态分析基础。企业应分析、确定与预算项目变动直接相关的业务量指标，确定其计量标准和方法，作为预算编制的起点。企业应深入分析市场需求、价格走势、企业产能等内外因素的变化，预测预算期可能的不同业务量水平，编制销售计划、生产计划等各项业务计划。

(2) 企业应逐项分析、认定预算项目和业务量之间的数量依存关系、依存关系的合理范围及变化趋势，确定弹性定额。确定弹性定额后，企业应不断强化弹性差异分析，修正和完善预算项目和业务量之间的数量依存关系，并根据企业管理需要增补新的弹性预算定额，形成企业弹性定额库。

(3) 企业通常采用公式法或列表法构建具体的弹性预算模型，形成基于不同业务量的多套预算方案。

(4) 企业预算管理责任部门应审核、评价和修正各预算方案，根据预算期最可能实现的业务量水平确定预算控制标准，并上报企业预算管理委员会等专门机构审议后报董事会等机构审批。

5. 弹性预算的编制

编制弹性预算的具体操作步骤如下。

(1) 业务弹性区间(相关范围)的选取。编制弹性预算所依据的业务量可以是产量、销售量、直接人工工时、机器工时、材料消耗量，也可以是直接人工工资等。弹性预算的业务量变动范围的选择应根据企业的具体情况而定，一般来说，业务量范围可定在正常生产能力的70%～120%，或者以历史最高业务量和最低业务量为其上下限。

(2) 弹性预算的编制关键是利用成本性态分析将全部成本费用最终划分为固定成本费用和变动成本费用，并最终确定成本性态模型 $y=a+bx$ 的形式，其中，y 为总成本，a 为固定成本，b 为单位变动成本，x 为业务量，固定成本费用按总量控制，变动成本费用按其业务量控制。

(3) 确定计算期内各业务量水平的预算额。

企业通常采用公式法或列表法构建具体的弹性预算模型，形成基于不同业务量的多套预算方案。

1) 公式法

公式法下弹性预算的基本公式如下。

$$预算总额=固定基础+\sum(与业务量相关的弹性定额\times预计业务量)$$

应用公式法编制预算时，相关弹性定额可能仅适用于一定业务量范围内。当业务量变动超出该适用范围时，应及时修正、更新弹性定额，或者改为列表法编制。

【例题5-2】M公司按公式法编制的2020年制造费用弹性预算如表5-2所示。

表5-2 M公司制造费用弹性预算(公式法)

成本项目	固定项目a	变动项目b
辅助工人工资	—	0.1
物料费	—	0.2
管理人员工资	80 000	—
保险费	70 000	—
折旧费	150 000	—
合计	300 000	0.3

根据表5-2可以得出，$y=300\,000+0.3x$，计算出直接人工工时数在70 000～120 000小时的范围内，任一业务量基础上的制造费用预算总额。

不难看出，公式法弹性预算的优点是在一定业务量的相关范围内，预算的编制不受业务量波动的影响，预算编制的工作量小；缺点是不能提供确切数据进行预算控制与考核，并且按细目进行成本分解较为麻烦并存在一定误差。在实际工作中，通常将公式法和列表法结合运用来编制弹性预算。

2) 列表法

列表法，是指企业通过列表的方式，在业务量范围内依据已划分出的若干个不同等级，分别计算并列示该预算项目与业务量相关的不同可能预算方案的方法。

【例题5-3】M公司按列表法编制的2020年制造费用弹性预算如表5-3所示。

表5-3 M公司制造费用弹性预算(列表法)

成本项目	直接人工工时					
	70 000 (70%)	80 000 (80%)	90 000 (90%)	100 000 (100%)	110 000 (110%)	120 000 (120%)
变动成本项目	21 000	24 000	27 000	30 000	33 000	36 000
辅助工人工资	7 000	8000	9000	10 000	11 000	12 000
物料费	14 000	16 000	18 000	20 000	22 000	24 000
固定成本项目	300 000	300 000	300 000	300 000	300 000	300 000
管理人员工资	80 000	80 000	80 000	80 000	80 000	80 000
保险费	70 000	70 000	70 000	70 000	70 000	70 000
折旧费	150 000	150 000	150 000	150 000	150 000	150 000
合计	321 000	324 000	327 000	330 000	33 3000	336 000

表5-3中业务量的间距为10%，实际工作中可以选择更小一些的间距(如5%，甚至更小)，业务量的间距越小，实际业务量水平出现在预算表中的可能性就越大，但工作量也就越大。

续前例可以看出，M公司实际业务量为120 000直接人工工时，对应的制造费用预算为336 000元，而实际产生的制造费用为334 000元，则表明M公司2020年实际制造费用不仅没有超支，而且节约了2000元。

列表法的优点是可以从预算表中直接查到各种业务量下的成本费用预算额，便于控制和考核；缺点是该预算方法工作量较大，同时也不能包括所有业务量下的成本费用预算。

6. 弹性预算的优缺点

1) 弹性预算的优点

弹性预算的优点是考虑了预算期可能的不同业务量水平，更贴近企业经营管理实际情况。

2) 弹性预算的缺点

弹性预算的缺点有：编制工作量大；市场及其变动趋势预测的准确性、预算项目与业务量之间依存关系的判断水平等会对弹性预算的合理性造成较大影响。

二、增量预算和零基预算

编制预算的方法按其编制基础的不同，可分为增量预算和零基预算两类。

增量预算与
零基预算

(一) 增量预算

1. 增量预算的定义

增量预算，是指以历史期实际经济活动及其预算为基础，结合预算期经济活动及相关影响因素的变动情况，通过调整历史期经济活动项目及金额形成预算的预算编制方法。传统的预算编制方法基本都是以基期成本费用水平为基础，结合预算期业务量水平及有关影响成本费用因素的未来变动情况，通过调整原有成本费用项目编制而成的，如前面学习的固定预算和弹性预算都是传统意义上的增量预算，这种预算编制方法较为简单。

2. 增量预算的假定

增量预算的编制方法基于以下3个假设。

(1) 现有的业务活动是企业所必需的。只有保证企业现有的每项业务活动，才能使企业正常、顺利地开展日常经营，缺一不可，必不可少。

(2) 原有的各项开支都是合理的。既然原有的成本费用开支是企业所必需的，那么就一定是合理的，必须予以保留。

(3) 增加成本费用预算是值得的，未来预算期成本费用变动是在现有成本费用的基础上调整的结果。

3. 增量预算的优缺点

1) 增量预算的优点

增量预算编制的基础是过去的数据和历史经验，其实是承认过去所发生的情形是合理的，不主张在预算内容上做较大改变，而是沿袭之前的预算项目，编制工作量小且简单易行。

2) 增量预算的缺点

首先增量预算受到原有预算的限制，由于增量预算是在原有成本费用项目基础上编制的，受原有成本费用项目的制约，导致原先不合理的项目继续保留，形成不必要的开支，造成预算上的浪费；其次是容易造成预算的平均主义和简单化，不利于挖潜改造，调动各部门降低费用的积极性；最后是不利于企业的长远发展，由于增量预算只尊重历史，不展望未来的实际变化，因此很大程度上会限制企业的发展。

(二) 零基预算

为了克服增量预算的缺点，1970年，美国德州仪器公司的彼得·派尔(Beter A. Pyhrr)在该公司首次创造并运用了零基预算法，随着其在预算编制工作中的优势体现，该方法在世界各国迅速得到推广，并被公认为是一种最先进的预算编制方法。

1. 零基预算的定义

零基预算，是指企业不以历史期经济活动及其预算为基础，以零为起点，从实际需要出发分析预算期经济活动的合理性，经综合平衡，形成预算的预算编制方法。零基预算是相对于增量预算的一种预算编制方法，全称为"以零为基础编制计划和预算的方法"。

2. 零基预算的适用范围

零基预算适用于企业各项预算的编制，特别是不经常发生的预算项目或预算编制基础变化较大的预算项目。

3. 零基预算的应用环境

企业应用零基预算工具方法，除应遵循我国《管理会计应用指引第200号——预算管理》中对应用环境的一般要求外，还应遵循以下要求。

(1) 企业应结合预算项目实际情况、预算管理要求和应用成本选择使用零基预算工具方法。

(2) 企业应用零基预算工具方法，应明确预算管理责任部门和预算编制责任部门。预算管理责任部门负责组织各部门确定和维护各预算项目的编制标准，组织各具体预算项目的编制；预算编制责任部门具体负责本部门业务计划和预算的编制。

4. 零基预算的应用程序

企业应用零基预算工具方法编制预算，一般按照明确预算编制标准、制订业务计划、编制预算草案、审定预算方案等程序进行。

(1) 明确预算编制标准。企业应搜集和分析对标单位、行业等外部信息，结合内部管理需要形成企业各预算项目的编制标准，并在预算管理过程中根据实际情况不断分析评价、修订完善预算编制标准。

(2) 制订业务计划。预算编制责任部门应依据企业战略、年度经营目标和内外环境变化等安排预算期经济活动，在分析预算期各项经济活动合理性的基础上制订详细、具体的业务计划，作为预算编制的基础。

(3) 编制预算草案。预算编制责任部门应以相关业务计划为基础，根据预算编制标准编制本部门相关预算项目，并报预算管理责任部门审核。

(4) 审定预算方案。预算管理责任部门应在审核相关业务计划合理性的基础上，逐项评价各预算项目的目标、作用、标准和金额等，按战略相关性、资源限额和效益性等进行综合分析和平衡，汇总形成企业预算草案，上报企业预算管理委员会等专门机构审议后报董事会等机构审批。

5. 零基预算的编制

零基预算是在编制成本费用预算时，不考虑以往会计期间所发生的费用项目或费用金额，而是将所有的预算支出均以零为出发点，一切从实际需要和可能出发，逐项审议预算期内各项成本费用的内容和开支标准是否合理，在综合平衡的基础上决定现有资源的分配顺序。编制零基预算的具体操作步骤如下。

(1) 根据年度计划确定成本费用的预算项目。要求企业内部各部门根据企业战略目标和年度计划，充分讨论，提出预算期内的财务活动、生产设计、产品研发、营销策略、资产维修等项目为对象的预算成本费用项目，以零为基础，详细提出其成本费用预算数额，不考虑这些项目以往是否发生过及发生额为多少。

(2) 划分不可避免项目和可避免项目。全部费用按其在预算期内是否发生的可能性的大小可划分为不可避免项目和可避免项目。对于不可避免项目必须全额保证，对于可避免项目企业采用成本—效益分析法进行综合比对，按照各项目开支必要性的大小排列各成本费用项目的顺序。

(3) 分配资金，落实预算。

【例题5-4】M公司采用零基预算法编制2020年销售及管理费用预算，具体步骤如下。

(1) 由销售及管理部门的全体员工，根据预算期全公司的总体目标和本部门的具体目标进行反复讨论，提出预算期可能发生的一些费用项目及金额，如表5-4所示。

表5-4 M公司销售及管理费用明细

单位：元

费用项目	开支金额
广告费	300 000
差旅费	200 000
培训费	100 000
业务招待费	200 000
保险费	140 000
办公费	160 000
合计	1 100 000

(2) 经过充分论证，得出以下结论：上述费用项目中除了业务招待费和广告费以外都不能再压缩了，必须得到全部保证。根据历史资料对业务招待费和广告费进行成本—效益分析，得出以下结论：广告费投入成本1元可获得收益10元；业务招待费投入成本1元可获得收益5元。

(3) 权衡上述各项成本费用开支的轻重缓急，排出层次和顺序：由于差旅费、保险费、培训费和办公费在预算期必不可少，需要得到全额保证，属于不可避免的约束性固定成本，所以列为第一层次；因为业务招待费和广告费可根据预算期间企业财力情况酌情增减，属于酌量性固定成本，而其中广告费的成本—效益较大，所以应列为第二层次，而业务招待费的成本—效益相对较小，因此列为第三层次。

假定M公司预算年度对上述各项费用可安排的资金只有900 000元，根据以上排序分配资金，最终落实的预算金额如下。

① 确定不可避免项目的预算资金：200 000＋100 000＋140 000＋160 000＝600 000(元)

② 确定可分配的资金数额：900 000－600 000＝300 000(元)

③ 按成本—效益比将可分配资金数额在广告费和业务招待费之间进行分配：

广告费可分配资金＝300 000×10÷(10＋5)＝200 000(元)

业务招待费可分配资金＝300 000×5÷(10＋5)＝100 000(元)。

(4) 编制2020年M公司销售及管理费用零基预算如表5-5所示。

表5-5 M公司销售及管理费用预算(零基预算)

单位：元

项目	差旅费	培训费	保险费	办公费	广告费	业务招待费	合计
预算额	200 000	100 000	140 000	160 000	200 000	100 000	900 000

6. 零基预算的优缺点

1) 零基预算的优点

零基预算的优点有：以零为起点编制预算，不受历史期经济活动中的不合理因素影响，能够灵活应对内外环境的变化，预算编制更贴近预算期企业经济活动的需要；有助于增加预算编制透明度，有利于进行预算控制。

2) 零基预算的缺点

零基预算的缺点有：预算编制工作量较大、成本较高；预算编制的准确性受企业管理水平和相关数据标准准确性影响较大。

三、定期预算和滚动预算

编制预算的方法按其预算期的时间特征不同，可分为定期预算和滚动预算两类。

定期预算与
滚动预算

(一) 定期预算

1. 定期预算的定义

定期预算，是指在编制预算时以不变的会计期间(如日历年度)作为预算期的一种编制预算的方法。

2. 定期预算的优缺点

1) 定期预算的优点

定期预算的优点是能够使预算期与会计年度相配合，便于考核和评价预算的执行结果。

2) 定期预算的缺点

定期预算的缺点有：缺乏远期指导性；定期预算不能随情况的变化及时做出调整，比较机械，缺乏灵活性，当经营活动在预算期内发生重大变化时，所做的预算将无任何意义；预算的连续性差。

(二) 滚动预算

1. 滚动预算的定义

滚动预算，是指企业根据上一期预算执行情况和新的预测结果，按既定的预算编制周期和滚动频率，对原有的预算方案进行调整和补充，逐期滚动，持续推进的预算编制方法。

预算编制周期，是指每次预算编制所涵盖的时间跨度。

滚动频率，是指调整和补充预算的时间间隔，一般以月度、季度、年度等为滚动频率。

2. 滚动预算的类型

滚动预算一般由中期滚动预算和短期滚动预算组成。中期滚动预算的预算编制周期通常为3年或5年，以年度作为预算滚动频率。短期滚动预算通常以1年为预算编制周期，以月度、季度作为预算滚动频率。

3. 滚动预算的应用环境

企业应用滚动预算工具方法，除应遵循我国《管理会计应用指引第200号——预算管理》中对应用环境的一般要求外，还应遵循以下要求。

(1) 企业应用滚动预算工具方法，应具备丰富的预算管理经验和能力。

(2) 企业应建立先进、科学的信息系统，及时获取充足、可靠的外部市场数据和企业内部数据，以满足编制滚动预算的需要。

(3) 企业应重视预算编制基础数据，统一财务和非财务信息标准，确保预算编制以可靠、翔实、完整的基础数据为依据。

4. 滚动预算的应用程序

企业除应遵循我国《管理会计应用指引第200号——预算管理》中的应用程序实施滚动预算管理外，还应遵循以下要求。

(1) 企业应研究外部环境变化，分析行业特点、战略目标和业务性质，结合企业管理基础和信息化水平，确定预算编制的周期和预算滚动的频率。

(2) 企业应遵循重要性原则和成本效益原则，结合业务性质和管理要求，确定滚动预算的编制内容。

企业通常可以选择编制业务滚动预算，对于管理基础好、信息化程度高的企业，还可选择编制资本滚动预算和财务滚动预算。

(3) 企业应以战略目标和业务计划为依据，并根据上一期预算执行情况和新的预测信息，经综合平衡和结构优化，作为下一期滚动预算的编制基础。

(4) 企业应以战略目标和业务计划为基础，研究滚动预算所涉及的外部环境变化和内部重要事项，测算并提出预算方案。

(5) 企业实行中期滚动预算的，应在中期预算方案的框架内滚动编制年度预算。第一年的预算约束对应年度的预算，后续期间的预算指引后续对应年度的预算。

(6) 短期滚动预算服务于年度预算目标的实施。企业实行短期滚动预算的，应以年度预算为基础，分解编制短期滚动预算。

(7) 企业应分析影响预算目标的各种动因之间的关系，建立预算模型，生成预算编制方案。

(8) 企业应对比分析上一期的预算信息和预算执行情况，结合新的内外部环境预测信息，对下一期预算进行调整和修正，持续进行预算的滚动编制。

(9) 企业可借助数据仓库等信息技术的支撑，实现预算编制方案的快速生成，减少预算滚动编制的工作量。

(10) 企业应根据预算滚动编制结果，调整资源配置和管理要求。

5. 滚动预算的编制

滚动预算的编制按滚动的时间单位不同可分为逐月滚动、逐季滚动和混合滚动3种方式。

1) 逐月滚动

逐月滚动是指在预算编制过程中，以月份为预算的编制和滚动单位，每个月调整一次预算的方法。例如，在2021年1—12月的预算执行过程中，需要在1月末根据当月预算的执行情况，修订2—12月的预算，同时补充2022年1月份的预算；到2月末可根据当月预算执行情况，修订2021年3月至2022年1月的预算，同时补充2022年2月份的预算；以此类推。

逐月滚动预算如图5-5所示。

图 5-5　逐月滚动预算

逐月滚动方式编制的预算比较精确，但工作量较大。

2) 逐季滚动

逐季滚动是指在预算编制过程中，以季度为预算的编制和滚动单位，每个季度调整一次预算的方法。例如，在2021年第1季度至第4季度的预算执行过程中，需要在第1季度末根据当季预算的执行情况，修订第2季度至第4季度的预算，同时补充2022年第1季度的预算；到第2季度末可根据当季预算执行情况，修订2021年第3季度至2022年第1季度的预算，同时补充2022年第2季度的预算；以此类推。

逐季滚动预算如图5-6所示。

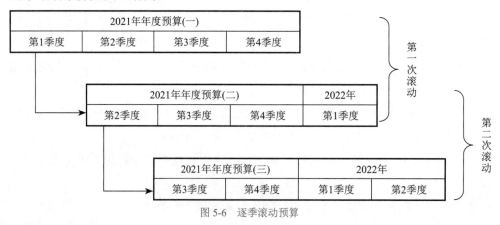

图 5-6　逐季滚动预算

逐季滚动方式编制的预算比逐月滚动方式的工作量小，但预算的精确度差。

3) 混合滚动

混合滚动方式是指在预算编制过程中，同时使用月份和季度作为预算的编制和滚动单位的方法。它是滚动预算的一种变通方式。为了做到长计划、短安排，远略近详，在预算编制过程中，对近期预算的精确度要求较高，因此预算内容相对详细；对远期预算要求精确度较低，因而预算内容可以相对简略，这样做可以减少预算的工作量。

例如，在2021年度的预算执行过程中，1—3月应逐月编制详细预算，而4—12月可以按季度编制粗略预算；3月末根据第1季度预算执行情况，编制4—6月的每月的详细预算，同时修订第3、4季度的预算，并补充2022年第1季度的粗略预算；以此类推。

混合滚动预算如图5-7所示。

图 5-7 混合滚动预算

滚动预算具有透明度高、及时性强、连续性好、远期指导性强等特点，但是编制预算的工作量较大。在实际工作中，企业应采取哪种预算编制方法，需要结合具体情况而定。

6. 滚动预算的优缺点

1) 滚动预算的优点

滚动预算的优点是通过持续滚动预算编制、逐期滚动管理，实现动态反映市场、建立跨期综合平衡，从而有效指导企业营运，强化预算的决策与控制职能。

2) 滚动预算的缺点

滚动预算的缺点有：预算滚动的频率越高，对预算沟通的要求越高，预算编制的工作量越大；过高的滚动频率容易增加管理层的不稳定感，导致预算执行者无所适从。

第三节 全面预算编制

全面预算，是指企业为了实现未来一定时期的经营目标，以货币及其他数量形式反映的各项目标行动计划与相应措施的数量说明。全面预算是由一系列单项预算组成的有机整体，由一整套预计的财务报表和其他附表构成，用来反映企业计划期内预期的经营活动及其成果。全面预算不仅为企业确定了明确的目标，同时也提供了评价企业经营活动各项工作成果的基本尺度。

全面预算理论认知

编制全面预算的内容主要包括经营预算、专门决策预算和财务预算，如图5-8所示。

图 5-8　全面预算内容

经营预算(也称为日常业务预算)，是指与企业日常业务直接相关的一系列预算，包括销售预算、生产预算、采购预算、费用预算、人力资源预算等。

专门决策预算(也称为特种决策预算)，是指企业重大的或不经常发生的、需要根据特定决策编制的预算，包括投融资决策预算等。

财务预算，是指与企业资金收支、财务状况或经营成果等有关的预算，包括现金预算、预计资产负债表、预计利润表等。

财务预算是企业全面预算的一个重要组成部分，它与专门决策预算、日常业务预算构成一个数字相互衔接的、完整的企业全面预算体系，如图5-9所示。财务预算是企业全面预算体系中的最后环节，各种日常业务预算和专门决策预算最终可以综合反映在财务预算中，它从价值方面总括地反映日常业务预算和专门决策预算的结果，所以财务预算就成为各项日常业务预算和专门决策预算的整体计划，故也称为总预算，而其他预算相应地称为辅助预算或分预算。因此，财务预算在全面预算体系中占有举足轻重的地位。

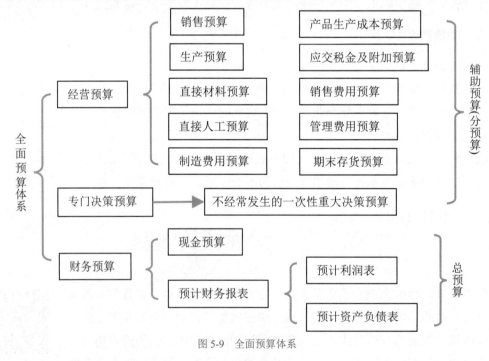

图 5-9　全面预算体系

预算编制的步骤如下。

(1) 根据销售预测编制销售预算，销售预算是编制全面预算的起点。

(2) 根据销售预算确定的预计销售量，结合期初、期末库存量编制生产预算。

(3) 根据生产预算确定的预计生产量，先分别编制直接材料预算、直接人工预算和制造费用预算，然后汇总编制产品生产成本预算。

(4) 根据销售预算等编制应交税金及附加预算、销售费用预算、管理费用预算及财务费用预算。

(5) 根据销售预算和生产预算估计所需要的固定资产投资，编制资本支出预算。

(6) 根据以上各项预算所产生的现金流量，编制现金预算。

(7) 综合以上各项预算，进行试算平衡，编制预计财务报表。

预算编制流程如图5-10所示。

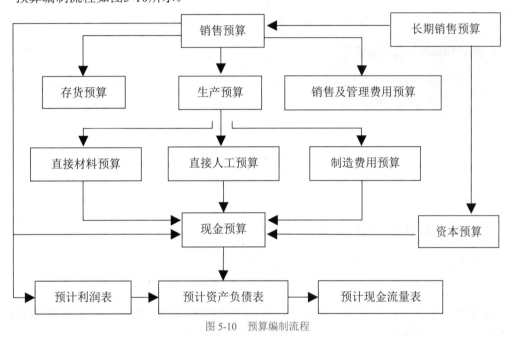

图 5-10　预算编制流程

一、经营预算的编制

经营预算，也称为日常业务预算，是反映企业日常经营活动业务的各种预算，具体包括销售预算、生产预算、直接材料消耗及采购预算、应交税金及附加预算、直接人工预算、制造费用预算、产品成本预算、期末存货预算、销售费用预算、管理费用预算、财务费用预算等。这些预算前后衔接，相互钩稽。

(一) 销售预算的编制

销售预算，是指为规划一定预算期内因组织销售活动而引起的预计销售收入而编制的一种日常业务预算。在市场经济条件下，企业生产经营要以市场为导向，以销定产，合理有效地运用资源。因此，企业的全面预算应以销售预算为基础。销售预算是编制全面预算的关键和起点。

销售预算的编制

销售预算编制的具体程序如下。

1. 预计预算期销售收入

$$预计销售收入 = 预计销售单价 \times 预计销售量$$

2. 预计预算期发生的与销售收入有关的增值税销项税额

$$预计增值税销项税额 = 预计销售收入 \times 适用的增值税税率$$

3. 预计预算期含税销售收入

$$含税销售收入 = 预计销售收入 + 预计增值税销项税额$$

4. 预计预算期经营现金收入

$$预计经营现金收入 = 本期现销含税收入 + 本期回收以前各期的应收账款$$

$$本期现销含税收入 = 本期含税销售收入 \times 本期预计现销率$$

$$本期收回以前各期应收账款 = 本期期初应收账款 \times 本期预计应收账款回收率$$

现销率，是指现销含税收入占含税销售收入的百分比；应收账款回收率，是指以前各期应收账款在本期回收的现金额占应收账款的百分比。在全面预算中，这两个指标通常为已知的经验数据。

5. 计算预算期末的应收账款余额

$$预算期末应收账款余额 = 预算期初应收账款余额 + 本期含税销售收入$$
$$- 本期现销含税销售收入 - 本期收回以前各期应收账款$$

【例题5-5】M公司生产甲、乙两种产品，甲产品年初应收账款余额为200 000元，乙产品年初应收账款余额为150 000元，企业销售收入现销率为60%，其余40%在下一期收回，企业适用的增值税税率为13%。M公司2021年各季度预测的销售单价及销售量如表5-6所示。

表5-6　M公司2021年各季度预测的销售单价及销售量

产品		第1季度	第2季度	第3季度	第4季度
甲产品	单价(元/件)	100	100	110	100
	销售量(件)	800	900	1200	1000
乙产品	单价(元/件)	120	120	120	110
	销售量(件)	600	700	1000	1200

要求：根据资料编制M公司2021年度的销售预算和经营现金收入预算。

根据要求，M公司2021年度的销售预算和经营现金收入预算编制如表5-7所示。

表5-7 M公司2021年度的销售预算和经营现金收入预算

项目		第1季度	第2季度	第3季度	第4季度	全年
销售单价 (元/件)	甲产品	100	100	110	100	
	乙产品	120	120	120	110	
预计销售量(件)	甲产品	800	900	1200	1000	3900
	乙产品	600	700	1000	1200	3500
预计销售收入	甲产品	80 000	90 000	132 000	100 000	402 000
	乙产品	72 000	84 000	120 000	132 000	408 000
	合计	152 000	174 000	252 000	232 000	810 000
增值税销项税额		19 760	22 620	32 760	30 160	105 300
含税销售收入		171 760	196 620	284 760	262 160	915 300
本期现销含税收入		103 056	117 972	170 856	157 296	810 436
期初应收账款回收		350 000	68 704	78 648	113 904	350 000
经营现金收入合计		453 056	186 676	249 504	271 200	1 160 436

(二) 生产预算的编制

生产预算，是指为规划一定预算期内预计生产量水平而编制的一种日常业务预算。该预算是所有日常业务预算中唯一使用实物量计量单位的预算，它虽然不直接涉及现金预算，但与其他预算密切相关，特别是成本和费用预算需要以此为依据。

生产预算、直接材料消耗及采购预算的编制

生产预算编制的具体程序如下。

1. 预计期末存货量

预计期末存货量应根据长期销售趋势来确定，一般按事先估计的期末存货量占下期销售量的比例进行估算。

2. 预计预算期产品生产量

$$某种产品预计生产量 = 预计销售量 + 预计期末存货量 - 预计期初存货量$$

【例题5-6】M公司2021年年初有关资料如下：甲产品年初产成品存货量80件，年末产成品存货量110件，年初产成品单位成本93元，预计期末产成品按下期销售量的10%安排；乙产品年初产成品存货量60件，年末产成品存货130件，年初产成品单位成本105元，预计期末产成品按下期销售量的10%安排。根据以上资料编制M公司2021年生产预算如表5-8所示。

表5-8 M公司2021年生产预算

产品		第1季度	第2季度	第3季度	第4季度	全年
甲产品	预计销售量	800	900	1200	1000	3900
	加：预计期末存货量	90	120	100	110	110
	减：预计期初存货量	80	90	120	100	80
	预计生产量	810	930	1180	1010	3930

(续表)

产品		第1季度	第2季度	第3季度	第4季度	全年
乙产品	预计销售量	600	700	1000	1200	3500
	加：预计期末存货量	70	100	120	130	130
	减：预计期初存货量	60	70	100	120	60
	预计生产量	610	730	1020	1210	3570

（三）直接材料消耗及采购预算的编制

直接材料预算，是指为规划一定预算期内因组织生产活动和材料采购活动预计发生的直接材料需用量、采购数量和采购成本而编制的一种日常业务预算。

直接材料消耗及采购预算编制的具体程序如下。

1. 预算直接材料需用量

$$预计生产需用量＝预计生产量×该材料的消耗定额$$

2. 预算直接材料采购量

$$预计采购量＝预计生产需用量＋预计期末库存量－预计期初库存量$$

3. 确定预算期直接材料采购成本

$$预计直接材料采购成本＝预计材料单价×预计采购量$$

4. 计算预算期发生的与直接材料采购成本相关的增值税进项税额

$$预计增值税进项税额＝预计直接材料采购成本×适用的增值税税率$$

5. 计算预算期预计采购额

$$预计采购金额＝预计直接材料采购成本＋预计增值税进项税额$$

6. 预计材料采购现金支出

$$预计采购现金支出＝本期现购材料现金支出＋本期支付前期应付账款$$
$$本期现购材料现金支出＝本期预计采购金额×本期预计付现率$$

7. 预计期末应付账款余额

$$期末应付账款余额＝期初应付账款余额＋本期预计采购金额－本期采购现金支出$$

【例题5-7】M公司材料首期付现率为60%，其余40%在下期支付。A材料价格上涨，期初存货单价为10元/千克，本期A材料采购单价为11元/千克。M公司2021年直接材料消耗定额及采购单价如表5-9所示。

表5-9 M公司2021年直接材料消耗定额及采购单价

产品品种	材料品种	第1季度	第2季度	第3季度	第4季度
甲产品材料消耗定额(千克/件)	A材料	5	5	5	5
	B材料	3	3	3	3
乙产品材料消耗定额(千克/件)	A材料	6	6	6	6
	C材料	4	4	4	4
材料采购单价(元)	A材料	11	11	11	11
	B材料	8	8	8	8
	C材料	5	5	5	5

M公司2021年直接材料存货量及年初余额如表5-10所示。

表5-10 M公司2021年直接材料存货量及年初余额

材料名称	年初存货(千克)	年末存货(千克)	预计期末存货量占下期需用量的百分比	年初余额(元)	
				应付账款	库存材料
A材料	1550	2660	20%		
B材料	730	990	30%	175 000	25 015
C材料	735	1560	30%		

根据资料编制M公司2021年直接材料需用量预算如表5-11所示。

表5-11 M公司2021年直接材料需用量预算

产品品种	项目	材料	第1季度	第2季度	第3季度	第4季度	全年
甲产品	材料单耗(千克/件)	A材料	5	5	5	5	5
		B材料	3	3	3	3	3
	预计生产量(件)		810	930	1180	1010	3930
	生产需要量(千克)	A材料	4050	4650	5900	5050	19 650
		B材料	2430	2790	3540	3030	11 790
乙产品	材料单耗(千克/件)	A材料	6	6	6	6	6
		C材料	4	4	4	4	4
	预计生产量(件)		610	730	1020	1210	3570
	生产需要量(千克)	A材料	3660	4380	6120	7260	21 420
		C材料	2440	2920	4080	4840	14 280

根据资料编制M公司2021年直接材料采购预算如表5-12所示。

表5-12　M公司2021年直接材料采购预算

材料	项目	第1季度	第2季度	第3季度	第4季度	全年
A材料	材料采购单价(元)	11	11	11	11	11
	甲产品需用量(千克)	4050	4650	5900	5050	19 650
	乙产品需用量(千克)	3660	4380	6120	7260	21 420
	材料总需用量(千克)	7710	9030	12 020	12 310	41 070
	加：期末材料存量(千克)	1806	2404	2462	2660	2660
	减：期初材料存量(千克)	1550	1806	2404	2462	1550
	本期采购量(千克)	7966	9628	12 078	12 508	42 180
	材料采购成本(元)	87 626	105 908	132 858	137 588	463 980
B材料	材料采购单价(元)	8	8	8	8	8
	甲产品需用量(千克)	2430	2790	3540	3030	11 790
	材料总需用量(千克)	2430	2790	3540	3030	11 790
	加：期末材料存量(千克)	837	1062	909	990	990
	减：期初材料存量(千克)	730	837	1062	909	730
	本期采购量(千克)	2537	3015	3387	3111	12 050
	材料采购成本(元)	20 296	24 120	27 096	24 888	96 400
C材料	材料采购单价(元)	5	5	5	5	5
	乙产品需用量(千克)	2440	2920	4080	4840	14 280
	材料总需用量(千克)	2440	2920	4080	4840	14 280
	加：期末材料存量(千克)	876	1224	1452	1560	1560
	减：期初材料存量(千克)	735	876	1224	1452	735
	本期采购量(千克)	2581	3268	4308	4948	15 105
	材料采购成本(元)	12 905	16 340	21 540	24 740	75 525
预计材料采购成本合计(元)		120 827	146 368	181 494	187 216	635 905
增值税进项税额(元)		15 708	19 028	23 594	24 338	82 668
预计采购金额合计(元)		136 535	165 396	205 088	211 554	718 573

根据资料编制M公司2021年直接材料采购现金支出预算如表5-13所示。

表5-13　M公司2021年直接材料采购现金支出预算

项目	第1季度	第2季度	第3季度	第4季度	全年
预计采购金额合计	136 535	165 396	205 088	211 554	718 573
本期采购现金支出	81 921	99 238	123 053	126 932	633 951
期初应付账款	175 000	54 614	66 158	82 035	175 000
现金支出合计	256 921	153 852	189 211	208 967	808 951

(四) 应交税金及附加预算的编制

应交税金及附加预算，是指为规划一定预算期内预计发生的应交增值税、消费税、资源税、城市维护建设税和教育费附加金额而编制的一种日常业务预算。

$$应交税金及附加 = 应交增值税 + 税金及附加$$

其中：

$$应交增值税 = 增值税销项税额 - 增值税进项税额$$
$$= (预计不含税销售收入 - 预计材料采购成本) \times 增值税税率$$
$$税金及附加 = 应交消费税 + 应交资源税$$
$$+ 应交城市维护建设税 + 应交教育费附加$$
$$应交城市维护建设税 = (应交消费税 + 应交增值税) \times 适用附加税率$$
$$应交教育费附加 = (应交消费税 + 应交增值税) \times 适用附加费率$$

【例题5-8】假设M公司流通环节只缴纳增值税，并于实现销售的当期(每季度)用现金支付，附加税率为10%。根据资料编制M公司2021年度应交税金及附加预算如表5-14所示。

表5-14　M公司2021年度应交税金及附加预算

项目名称	第1季度	第2季度	第3季度	第4季度	全年
增值税销项税额	19 760	22 620	32 760	30 160	105 300
增值税进项税额	15 708	19 028	23 594	24 338	82 668
应交增值税	4052	3592	9166	5822	22 632
税金及附加	405	359	917	582	2263
现金支出合计	4457	3951	10 083	6404	24 895

(五) 直接人工预算的编制

直接人工预算，是指为规划一定预算期内人工工时的消耗水平和人工成本水平而编制的一种日常业务预算。它包括直接工资和按直接工资的一定比例计算的其他直接费用。

直接人工预算和
制造费用预算的
编制

直接人工预算编制的具体程序如下。

1. 预计每种产品的直接人工工时总数

$$某种产品直接人工工时总数 = 单位产品工时定额 \times 预计该产品生产量$$

2. 预计每种产品耗用的直接工资

$$某种产品耗用的直接工资 = 单位工时工资率 \times 该产品直接人工工时总数$$

3. 预计每种产品计提的其他直接费用

$$某种产品计提其他直接费用 = 预计耗用直接工资 \times 其他直接费用计提标准$$

式中，其他直接费用计提标准按我国现行制度规定，应付福利费的计提率为14%。

4. **计算预算期每种产品的预计直接人工成本**

某种产品直接人工成本＝该产品耗用直接工资＋该产品计提其他直接费用

5. **预计直接人工成本现金支出**

直接人工成本现金支出＝该期直接工资总额＋该期福利费现金支出

各期直接人工成本中的直接工资一般均由现金开支，由其他直接费用形成的应付福利费则不一定在提取的当期用现金开支，应当进行适当的调整，以反映预计的福利费开支情况。福利费现金支出按一定的经验比率来确定。

【例题5-9】M公司2021年单位工时工资率和工时定额资料如表5-15所示；其他直接费用计提标准为14%，预计当期应付福利费支付率为85%。

表5-15　M公司2021年单位工时工资率和工时定额资料

项目名称		第1季度	第2季度	第3季度	第4季度
单位工时工资率(元)		3	3	3	3
单位产品工时定额(小时)	甲产品	3	3	3	3
	乙产品	4	4	4	4

根据资料编制M公司2021年度直接人工预算如表5-16所示。

表5-16　M公司2021年度直接人工预算

品种	项目	第1季度	第2季度	第3季度	第4季度	全年
	单位工时工资率	3	3	3	3	3
甲产品	单位产品工时定额(小时)	3	3	3	3	3
	预计生产量(件)	810	930	1180	1010	3930
	直接人工工时总数(小时)	2430	2790	3540	3030	11 790
	预计直接工资	7290	8370	10 620	9090	35 370
	其他直接费用	1021	1172	1487	1273	4953
乙产品	单位产品工时定额(小时)	4	4	4	4	4
	预计生产量(件)	610	730	1020	1210	3570
	直接人工工时总数(小时)	2440	2920	4080	4840	14 280
	预计直接工资	7320	8760	12 240	14 520	42 840
	其他直接费用	1025	1226	1714	2033	5998
合计	直接工资总额	14 610	17 130	22 860	23 610	78 210
	其他直接费用	2046	2398	3201	3306	10 951
	直接人工成本合计	16 656	19 528	26 061	26 916	89 161
预计福利费现金支出		1739	2038	2721	2810	9308
直接人工成本现金支出合计		16 349	19 168	25 581	26 420	87 518

(六) 制造费用预算的编制

制造费用预算，是指为规划一定预算期内除直接材料和直接人工预算以外预计发生的其他生产费用水平而编制的一种日常业务预算。

制造费用预算编制的具体程序如下。

1. 预计变动性制造费用

变动性制造费用＝单位产品变动性制造费用预算分配率×预计直接人工工时

变动性制造费用预算分配率＝变动性制造费用总额÷直接人工工时总数

其中相关分配标准也可以选择预计生产量或预计直接人工工时。

2. 预计固定性制造费用

固定性制造费用可在上一年的基础上根据预算期变动情况加以适当修正进行预计，并作为期间成本直接列入利润表作为收入的抵减项目予以扣除。

3. 预计制造费用现金支出

制造费用现金支出＝变动性制造费用现金支出＋固定性制造费用现金支出

$$变动性制造费用现金支出 = \sum \left(\begin{array}{l} 变动性制造费 \\ 用预算分配率 \end{array} \times \begin{array}{l} 该期某种产品预 \\ 计直接人工工时 \end{array} \right)$$

固定性制造费用现金支出＝预计固定性制造费用－预计非付现费用

上式中，计算时应剔除非付现成本项目，如固定资产折旧费、无形资产摊销费和机器设备租赁费等。

【例题5-10】M公司采用变动成本法编制预算，变动性制造费用按各种产品直接人工工时比例分配，直接人工工时见前例。除折旧外的各项制造费用均以现金支付。根据资料编制M公司2021年度制造费用预算如表5-17所示。

表5-17 M公司2021年度制造费用预算

变动性制造费用		固定性制造费用	
间接材料	8000	管理人员工资	7200
间接人工成本	6000	折旧费	9500
维修费	4000	办公费	4500
水电费	5000	保险费	2500
其他	3064	租赁费	3000
合计	26 064	其他	1000
		合计	27 700
直接人工工时总数(小时)	26 070	现金支出合计	18 200
预算分配率＝26 064÷26 070＝0.9998		各季度支出数	4550

根据资料编制M公司2021年度制造费用现金支出预算如表5-18所示。

表5-18　M公司2021年度制造费用现金支出预算

项目名称		第1季度	第2季度	第3季度	第4季度	全年
变动性制造费用分配率		0.9998	0.9998	0.9998	0.9998	0.9998
直接人工工时	甲产品	2430	2790	3540	3030	11 790
	乙产品	2440	2920	4080	4840	14 280
	小计	4870	5710	7620	7870	26 070
变动性制造费用	甲产品	2430	2789	3539	3029	11 787
	乙产品	2440	2919	4079	4839	14 277
	小计	4870	5708	7618	7868	26 064
固定性制造费用		4550	4550	4550	4550	18 200
现金支出合计		9420	10 258	12 168	12 418	44 264

(七) 产品成本预算的编制

产品成本预算是为规划一定预算期内各种产品的单位产品成本、生产成本、销售成本等内容而编制的一种日常业务预算。

产品成本预算编制的具体程序如下。

产品成本及期末
存货预算的编制

1. 预计各种产品的单位生产成本

$$\text{某产品单位生产成本} = \text{单位直接材料成本} + \text{单位直接人工成本} + \text{单位变动性制造费用}$$

2. 预计各种产品的当期生产成本

$$\text{某种产品当期发生的生产成本} = \text{该产品当期直接材料成本} + \text{该产品当期直接人工成本} + \text{该产品当期变动性制造费用}$$

3. 预计各种产品预算期的预计产品生产成本

$$\text{某种产品某期预计产品生产成本} = \text{该产品同期预计发生产品生产成本} + \text{该产品在产品成本期初余额} - \text{该产品在产品成本期末余额}$$

4. 预计各种产品预算期预计的产品销售成本

$$\text{本期预计产品销售成本} = \text{本期预计产品生产成本} + \text{产成品成本期初余额} - \text{产成品成本期末余额}$$

【例题5-11】M公司2021年的年初产成品资料、生产预算、直接材料采购预算、直接人工预算和制造费用预算见前例。M公司发出存货采用先进先出法。根据资料编制M公司甲产品成本预算如表5-19所示。

表5-19　M公司甲产品成本预算

成本项目	单价	单位用量	单位成本	生产量	总成本
A材料	11	5	55		216 150
B材料	8	3	24		94 320
直接材料小计			79		310 470
直接人工	3.42	3	10.26	3930	40 322
变动性制造费用	0.9998	3	3		11 787
合计			92.26		362 579
加：在产品及半成品期初余额					0
减：在产品及半成品期末余额					0
预计产品生产成本			92.26	3930	362 579
加：产成品期初余额			93	80	7440
减：产成品期末余额			92.26	110	10 149
预计产品销售成本				3900	359 870

根据资料编制M公司乙产品成本预算如表5-20所示。

表5-20　M公司乙产品成本预算

成本项目	单价	单位用量	单位成本	生产量	总成本
A材料	11	6	66		235 620
C材料	5	4	20		71 400
直接材料小计			86		307 020
直接人工	3.42	4	13.68	3570	48 838
变动性制造费用	0.9998	4	4		14 277
合计			103.68		370 135
加：在产品及半成品期初余额					0
减：在产品及半成品期末余额					0
预计产品生产成本			103.68	3570	370 135
加：产成品期初余额			105	60	6300
减：产成品期末余额			103.68	130	13 478
预计产品销售成本				3500	362 957

(八) 期末存货预算的编制

期末存货预算是为规划一定预算期末的在产品、产成品和原材料预计成本水平而编制的一种日常业务预算。该预算与产品成本预算密切相关，同样也受到存货计价方法的影响。该预算通常只编制年末预算，不编制分季度预算，编制依据同上述各种日常业务预算。

【例题5-12】M公司按变动成本法编制2021年度期末产成品存货成本预算如表5-21所示。

表5-21　M公司2021年度期末产成品存货成本预算

产成品存货	年初存货量(件)	年初存货成本	期末存货量(件)	单位成本	期末存货成本
甲产品	80	7440	110	92.26	10 149
乙产品	60	6300	130	103.68	13 478
小计		13 740			23 627

M公司按变动成本法编制2021年度期末原材料存货成本预算如表5-22所示。

表5-22　M公司2021年度期末原材料存货成本预算

材料存货	年初材料成本	本年材料采购成本	本期耗用材料成本		期末存货成本
			甲产品	乙产品	
A材料	15 500	463 980	216 150	235 620	27 710
B材料	5840	96 400	94 320		7920
C材料	3675	75 525		71 400	7800
小计	25 015	635 905	310 470	307 020	43 430

(九) 销售费用预算的编制

销售费用预算，是指为规划一定预算期内，企业在销售阶段组织产品销售预计发生各项费用水平而编制的一种日常业务预算。销售费用预算的编制也要按成本性态将销售费用划分为变动性销售费用和固定性销售费用两部分。对于变动性销售费用，只需要反映各个项目的单位产品费用分配额即可；对于固定性销售费用，只需要按项目反映全年预计水平。同时，销售费用预算也要编制相应的现金支出预算。

费用预算的编制

【例题5-13】M公司2021年度的销售费用预算如表5-23所示。

表5-23　M公司2021年度的销售费用预算

变动性销售费用			固定性销售费用	
项目	单位产品标准费用额		项目	全年费用
	甲产品	乙产品		
销售佣金	1.5	2	管理人员工资	3000
销售运杂费	1	1.2	专设销售机构办公费	2000
其他	0.2	0.4	宣传广告费	3000
合计	2.7	3.6	保险费	1500
			销售部门计提折旧费	4000
			合计	13 500
			各季度平均13 500÷4=3375(元)	

M公司2021年度的销售费用现金支出预算如表5-24所示。

表5-24 M公司2021年度的销售费用现金支出预算

项目名称		第1季度	第2季度	第3季度	第4季度	全年
单位产品标准费用额	甲产品	2.7	2.7	2.7	2.7	2.7
	乙产品	3.6	3.6	3.6	3.6	3.6
预计销售量(件)	甲产品	800	900	1200	1000	3900
	乙产品	600	700	1000	1200	3500
变动性销售费用	甲产品	2160	2430	3240	2700	10 530
	乙产品	2160	2520	3600	4320	12 600
	小计	4320	4950	6840	7020	23 130
固定性销售费用		3375	3375	3375	3375	13 500
销售费用合计		7695	8325	10 215	10 395	36 630
减：销售部门计提折旧费		1000	1000	1000	1000	4000
销售费用现金支出		6695	7325	9215	9395	32 630

(十) 管理费用预算的编制

管理费用预算，是指为规划一定预算期内，因管理企业经营活动预计发生的各项费用水平而编制的一种日常业务预算。

管理费用预算编制可采用两种方法：第一种方法是按项目反映全年预计水平。因为管理费用大多是固定费用，直接以上年实际水平为基础，考虑预算年度的变化调整计算全年总数，然后再计算出各季度数即可；第二种方法类似于制造费用预算或销售费用预算的编制方法，把管理费用按成本习性分为固定性管理费用和变动性管理费用两部分，对变动性管理费用按预算期的分配率和预计的业务量进行测算。这里为了简化预算编制，我们举例采用第一种方法。另外，管理费用总额预算和现金支出预算可以合并编制。

【例题5-14】根据有关资料编制M公司2021年度的管理费用及现金支出预算如表5-25所示。

表5-25 M公司2021年度的管理费用及现金支出预算

项目名称	金额
公司经费	3000
工会经费	1200
办公费	2000
董事会费	1000
折旧费	1500
无形资产摊销	600
职工培训费	800

(续表)

项目名称	金额
其他	1000
管理费用合计	11 100
减：折旧费	1500
无形资产摊销	600
管理费用现金支出合计	9000
平均每季度支付数	2250

(十一) 财务费用预算的编制

财务费用预算是反映预算期内因筹措和使用资金而发生财务费用的一种日常业务预算。

【例题5-15】根据有关资料编制M公司2021年度的财务费用预算如表5-26所示。

表5-26　M公司2021年度财务费用预算

项目	第1季度	第2季度	第3季度	第4季度	全年
支付短期借款利息	2000	625	750	750	4125
支付长期借款利息	—	—	—	—	—
支付债券利息	—	—	—	—	—
支付利息合计	2000	625	875	875	4375
减：资本化利息	—	—	—	—	—
预计财务费用	2000	625	875	875	4375

二、专门决策预算的编制

专门决策预算(特种决策预算)，狭义上又称为资本支出预算，通常是指与项目投资决策有关的投资决策预算。它应当根据企业有关投资决策资料和年度固定资产投资计划编制。

由于该类预算涉及长期建设项目的资金投放与筹措，并经常跨年度，因此，除个别项目外一般不纳入日常业务预算，但需要计入与此有关的现金预算和预计资产负债表。

专门决策预算的编制

【例题5-16】根据有关资料编制M公司2021年度资本支出预算如表5-27所示。

表5-27　M公司2021年度资本支出预算

项目	第1季度	第2季度	第3季度	第4季度	全年
购置固定资产	20 000	30 000	10 000	50 000	110 000
资本性现金支出合计	20 000	30 000	10 000	50 000	110 000

三、财务预算的编制

财务预算是企业经营预算中能够以货币表示的部分，是企业在预算期内反映有关现金收支、财务状况和经营成果的预算，内容主要是现金收支预算、预计利润表、预计资产负债表等。财务预算是全面预算体系中的最后环节，它可以从价值方面总括地反映经营预算的结果，所以被称为总预算。

财务预算的编制

(一) 现金预算

现金预算也称为现金收支预算，是指为规划一定预算期内由于日常经营活动和资本投资活动引起的预计现金收入、预计现金支出、现金余缺和现金筹措与运用情况及期初期末现金余额情况而编制的一种财务预算。现金预算是以日常业务预算和专门决策预算为基础所编制的反映预算期现金收支情况的预算。这里的现金是指企业的库存现金和银行存款等货币资金。

编制现金预算的目的在于合理地处理现金收支业务，正确地调度货币资金，保证企业的资金正常流转。

现金预算需要根据经营现金收入预算表、直接材料采购现金支出预算表、应交税金及附加预算表、直接人工现金支出预算表、制造费用现金支出预算表、销售费用现金支出预算表、管理费用现金支出预算表和资金筹集及运用等相关数据资料来进行编制。

现金预算编制的具体程序如下。

1. 确定期初现金余额

$$期初现金余额＝上期期末现金余额$$

2. 估计本期现金收入

$$本期现金收入＝预计发生的经营现金收入＋预计发生的非经营现金收入$$

经营现金收入包括本期现销现金收入、收回前期的应收账款、应收票据到期兑现和票据贴现收入等内容；非经营现金收入包括转让或处理长期资产(包括固定资产和无形资产)所取得的现金收入。

3. 确定预算期内可运用的资金

$$预算期内可运用的资金＝期初现金余额＋本期现金收入$$

4. 估算本期现金支出

$$本期现金支出＝本期发生的经营现金支出＋资本性现金支出$$

5. 预计各期现金余缺

$$某期现金余缺=该期可运用的资金-该期现金支出$$

6. 预计资金筹集与运用

$$某期资金筹集与运用=该期借款+该期发行债券+该期发行普通股$$
$$-该期支付借款利息-该期支付债券利息$$
$$-该期归还借款-该期购买有价证券$$

7. 预计期末现金余额

$$期末现金余额=该期现金余缺+该期现金的筹集-该期现金的运用$$

现金收支差额与期末余额均需要通过协调资金筹措及运用来调整。企业应当在保证各项支出所需资金供应的前提下，注意保持期末现金余额在合理的上下限度内波动。因为现金属于非盈利性资产，储备过多会造成浪费，储备过少又会影响使用，所以现金余额既不是越多越好，也不是越少越好，它有一个合理的量。当现金收支差额为正值时，表示有现金结余，在偿还了利息和借款本金之后仍超过现金余额上限时，就应拿出一部分用于有价证券投资；但一旦发现还本付息之后的现金收支差额低于现金余额下限时，就应抛出一部分有价证券来弥补现金短缺。如果现金收支差额为负值，表示出现了现金短缺，可采取暂缓还本付息，通过抛售有价证券或向银行借款等措施来弥补现金缺口。

【例题5-17】沿用前面各例，预计M公司2021年年初现金余额为30 000元。M公司要求最低现金余额为30 000元，若现金不足，要向银行取得短期借款，借款数额为10 000的整数倍，借款利率为5%，每期期初借入，期末支付利息，到期还本。企业尚有100 000元长期借款，利率为8%，于第1季度末到期还本付息。若现金多余时，可购买年利率为8%的有价证券进行短期投资。根据企业的战略打算在2021年第4季度初发行普通股融资50 000元，2021年度估算预缴所得税1200元，预计分配股利16 000元，每季度平均分配。

根据有关资料编制M公司2021年度现金预算如表5-28所示。

表5-28　M公司2021年度现金预算

项目	第1季度	第2季度	第3季度	第4季度	全年
一、期初现金余额	30 000	30 664	35 611	31 557	30 000
二、现金收入					
经营现金收入	453 056	186 676	249 504	271 200	1 160 436
经营现金收入合计	453 056	186 676	249 504	271 200	1 160 436
三、可运用的资金	483 056	217 340	285 115	302 757	1 190 436
四、现金支出					
1.经营现金支出	300 392	201 104	252 808	270 155	1 024 458
采购直接材料	256 921	153 852	189 211	208 967	808 951

(续表)

项目	第1季度	第2季度	第3季度	第4季度	全年
支付直接人工	16 349	19 168	25 581	26 420	87 518
支付制造费用	9420	10 258	12 168	12 418	44 264
支付销售费用	6695	7325	9215	9395	32 630
支付管理费用	2250	2250	2250	2250	9000
税金及附加	4458	3951	10 082	6404	24 895
预缴所得税	300	300	300	300	1200
预付股利	4000	4000	4000	4000	16 000
2. 资本性现金支出	20 000	30 000	10 000	50 000	110 000
购置固定资产	20 000	30 000	10 000	50 000	110 000
现金支出合计	320 392	231 104	262 806	320 155	1 134 457
五、现金余缺	162 664	-13 764	22 309	-17 396	
六、现金筹措与运用					
加：短期借款		50 000	10 000		60 000
发行普通股				50 000	50 000
减：归还借款	100 000				100 000
支付借款利息(见表5-26)	2000	625	750	750	4125
购买有价证券	30 000				30 000
七、期末现金余额	30 664	35 611	31 559	31 854	31 854

(二) 预计利润表

预计利润表是以货币形式全面、综合地反映企业预算期内预计经营成果的一种财务预算。它是在各项日常经营业务预算的基础上，根据权责发生制原则编制的。该表既可以按年编制，也可以分季编制。

预计利润表编制的具体程序如下。

1. 预计预算期边际贡献

$$\text{预算期边际贡献} = \text{预算期营业收入} - \text{变动性生产成本} - \text{变动性销售费用和管理费用} - \text{税金及附加}$$

2. 预计预算期利润总额

$$\text{预算期利润总额} = \text{预算期边际贡献} - \text{固定性制造费用} - \text{固定性销售费用和管理费用} - \text{财务费用}$$

3. 预计预算期净利润

$$\text{预算期净利润} = \text{预算期利润总额} - \text{所得税费用}$$

【例题5-18】沿用前面各例资料，编制M公司2021年度的预计利润表如表5-29所示。

表5-29　M公司2021年度预计利润表

项目	金额
一、销售收入	810 000
减：变动性生产成本	722 827
变动性销售费用	23 130
税金及附加	2263
二、边际贡献	61 780
减：固定性制造费用	27 700
固定性销售费用	13 500
管理费用	11 100
财务费用(见表5-26)	4125
三、利润总额	5355
减：所得税费(25%)	1339
四、净利润	4016

(三) 预计资产负债表

预计资产负债表是以货币形式总括反映企业预算期末财务状况的一种财务预算。预计资产负债表中除上年期末数是已知数外，其余项目均需在前述各项日常业务预算和专门决策预算的基础上分析填列。

预计资产负债表编制的具体程序如下。

(1) 根据上期资产负债表各项目的期末数填列预算期内的期初数。

(2) 根据现金预算计算填列预算期"货币资金""交易性金融资产""短期借款""应付股利""长期借款""实收资本"等项目的期末数。

(3) 根据经营现金收入预算计算填列预算期"应收账款"项目的期末数。

(4) 根据期末存货预算计算填列预算期"存货"项目的期末数。

(5) 根据资本支出预算计算填列预算期"固定资产原值"项目的期末数。

(6) 根据制造费用预算、销售费用和管理费用预算计算填列预算期"累计折旧"项目的期末数。

(7) 根据管理费用预算计算填列预算期"无形及其他非流动资产"项目的期末数。

(8) 根据现金预算和预计利润表计算填列预算期"应交税费"项目的期末数。

(9) 根据直接材料采购现金支出预算计算填列预算期"应付账款"项目的期末数。

(10) 根据直接人工现金支出预算计算填列预算期"应付职工薪酬"项目的期末数。

(11) 根据预计利润表计算填列预算期"未分配利润"项目的期末数。

(12) 汇总计算有关资产、负债及所有者权益项目合计数，并进行试算平衡。

【例题5-19】沿用前面各例资料编制M公司2021年度的预计资产负债表如表5-30所示。

表5-30　M公司2021年度的预计资产负债表

资产	期初数	期末数	负债及权益	期初数	期末数
流动资产：			流动负债：		
货币资金	30 000	31 853	短期借款	0	60 000
交易性金融资产	0	30 000	应交税费	0	139
应收账款	350 000	104 864	应付账款	175 000	84 622
存货	38 755	67 057	应付股利	0	-16 000
流动资产合计	418 755	233 774	应付职工薪酬	5000	6642
固定资产：			流动负债合计	180 000	135 403
固定资产原值	500 000	610 000	非流动负债：		
减：累计折旧	22 000	37 000	长期借款	100 000	0
固定资产净值	478 000	573 000	应付债券	0	0
固定资产合计	478 000	573 000	非流动负债合计	100 000	0
无形资产及其他非流动资产	1600	1000	负债合计	280 000	135 403
长期资产合计	479 600	574 000	所有者权益：		
			实收资本	500 000	550 000
			资本公积	10 000	10 000
			盈余公积	20 000	20 000
			未分配利润	88 355	92 371
			所有者权益合计	618 355	672 371
资产总计	898 355	807 774	负债及权益合计	898 355	807 774

▌本章小结▐

全面预算，是指企业为了实现未来一定时期的经营目标，以货币及其他数量形式反映的各项目标行动计划和相应措施的数量说明，按其内容可以将全面预算分为经营预算、财务预算和专门决策预算(资本支出预算)。

编制全面预算需采用专门的方法，预算管理领域应用的管理会计工具方法包括固定预算、弹性预算、增量预算、零基预算、定期预算、滚动预算、作业预算等。企业可根据其战略目标、业务特点和管理需要，结合不同工具方法的特征及适用范围，选择恰当的工具方法综合运用。

企业应用预算管理工具方法，一般按照预算编制、预算控制、预算调整、预算考核等程序进行。

课程思政元素

预算报表编制与马克思主义哲学

1. 融入马克思主义哲学理论：整体决定部分，部分影响整体

马克思主义哲学具有意识形态的作用，而预算报表是一个项目的重要组成部分，对项目起引领、规范和推动作用，在进行财务报表的编制过程中往往是牵一发而动全身，与其他部分前后呼应、相互关联，在教学过程中结合课程内容介绍财务知识和报表注意事项，灌输马克思主义哲学理论，有利于在潜移默化中深化学生对于马克思主义哲学理论的理解，提高学生的道德修养。

2. 加强财务风险意识

预防财务风险的主旨不是去消除非常可能出现的损害事件，因为意外往往是让人意想不到的，也不是事后弥补已经造成的损害，而是在财务预算报表编制时专注于消除危害的可能根源，从源头上杜绝风险的产生。学生应做到个人层面的风险识别与安全防护。在财务报表的编制过程中注意前后统一、规避风险。

3. 树立全面性预算管理观念

在财务报表的编制过程中，一个产品的价格一旦改变，就会使内含报酬率、回收期、净现值3个数据产生翻天覆地的变化，往往是牵一发而动全身。全面性，是指在财务报表的编制过程中，全面思考整体财务关系，在风险管理过程中财务报表的编制要严谨统一、前后呼应。因此，应教育学生谨慎细致、诚信编表、诚信创业，以提高学生的敏捷思维能力。

同步练习

第一节　预算管理认知

一、单项选择题

1. 全面预算的总预算指的是(　　)。

　　A. 财务预算　　　　　　　　　　B. 业务预算

　　C. 专门决策预算　　　　　　　　D. 销售预算

2. 下列属于业务预算内容的有(　　)。

　　A. 销售预算　　　　　　　　　　B. 现金预算

　　C. 财务预算　　　　　　　　　　D. 决策预算

3. (　　)拟定企业预算编制与管理的原则和目标。

　　A. 预算管理部　　　　　　　　　　B. 财务部门

　　C. 预算委员会　　　　　　　　　　D. 销售部门

4. (　　)在财务预算中反映。

　　A. 材料预算　　　　　　　　　　　B. 现金收支

　　C. 行政管理开支　　　　　　　　　D. 销售预算

5. 以下不属于编制预算应遵循的原则是(　　)。

　　A. 战略导向原则　　　　　　　　　B. 融合性原则

　　C. 全面预算原则　　　　　　　　　D. 权变性原则

二、多项选择题

1. 预算年度经营目标制定流程包括(　　)。

　　A. 自上而下　　　　　　　　　　　B. 自下而上

　　C. 上下结合　　　　　　　　　　　D. 平行式

2. 预算按其内容划分可以分为(　　)。

　　A. 财务预算　　　　　　　　　　　B. 业务预算

　　C. 专门决策预算　　　　　　　　　D. 销售预算

3. 全面预算的作用有(　　)。

　　A. 明确企业各部门的工作目标　　　B. 协调各部门的工作

　　C. 控制企业日常生产经营活动　　　评价各部门的业绩

4. 下列属于业务预算的是(　　)。

　　A. 销售预算　　　　　　　　　　　B. 生产预算

　　C. 专门决策预算　　　　　　　　　D. 直接材料预算

5. 下列属于财务预算的是(　　)。

　　A. 现金预算　　　　　　　　　　　B. 直接人工预算

　　C. 预计利润表　　　　　　　　　　D. 预计资产负债表

三、判断题

1. 预算的时间只能是按年编制，这样可以与会计期间保持一致。　　　　　　(　　)

2. 弹性预算法可以克服零基预算法的缺点，保持预算的连续性和完整性。　　(　　)

3. 预算管理是一种"全面预算"管理，具有全面控制的能力。　　　　　　　(　　)

4. 在产品成本预算中，产品成本总预算金额是将直接材料、直接人工、制造费用及销售与管理费用的预算金额汇总相加而得到的。　　　　　　　　　　　　　　　　(　　)

5. 现金预算归属于业务预算。　　　　　　　　　　　　　　　　　　　　(　　)

第二节　预算编制的方法

一、单项选择题

1. (　　)又称为永续预算或连续预算。

    A. 弹性预算   B. 零基预算

    C. 固定预算   D. 滚动预算

2. 下列各项中，能够揭示滚动预算方法基本特点的表述是(　　)。

    A. 预算期是相对固定的   B. 预算期与会计年度一致

    C. 预算期是连续不断的   D. 预算期不可随意变动

3. 在执行了1个月的预算后，再增补一个月的预算，逐期向后滚动，由此编制而成的预算就称为(　　)。

    A. 滚动预算   B. 概率预算

    C. 固定预算   D. 全面预算

4. 在成本习性分析的基础上，分别按一系列可能达到的预计业务量水平编制的能适应多种情况的预算是(　　)。

    A. 定期预算   B. 弹性预算

    C. 零基预算   D. 固定预算

5. 根据预算编制所依据的业务量的数量特征，预算编制方法可分为(　　)。

    A. 固定预算和弹性预算   B. 增量预算和零基预算

    C. 资本预算和财务预算   D. 定期预算和滚动预算

6. 下列预算编制方法中，可能导致无效费用开支项目无法得到有效控制的是(　　)。

    A. 增量预算   B. 弹性预算

    C. 滚动预算   D. 零基预算

7. 下列各项中，不属于零基预算法优点的是(　　)。

    A. 不受现有费用项目的限制   B. 有利于促使预算单位合理利用资金

    C. 不受现有预算的约束   D. 编制预算的工作量小

8. 下列各项中，不用调整基期成本费用，并能够克服增量预算法缺点的预算方法是(　　)。

    A. 滚动预算法   B. 零基预算法

    C. 弹性预算法   D. 固定预算法

9. 下列各项中，可能会使预算期与会计期间相分离的预算方法是(　　)。

    A. 弹性预算法   B. 零基预算法

    C. 增量预算法   D. 滚动预算法

10. 下列各项中，应当作为零基预算方法出发点的是(　　)。

    A. 基期的费用水平   B. 历史上费用的最高水平

    C. 国内外同行业费用水平   D. 所有费用为零

二、多项选择题

1. 固定预算法又称静态预算法，下列不属于这种预算方法缺点的有( )。

A. 适应性差 B. 不必要开支合理化

C. 可比性差 D. 预算期与会计期间相脱离

2. 通常的预算编制方法包括( )。

A. 滚动预算法 B. 零基预算法

C. 弹性预算法 D. 固定预算法

3. 下列选项中属于滚动预算优点的是( )。

A. 编制工作量小 B. 有利于考虑未来业务活动

C. 预算期与会计期间一致 D. 有效指导企业营运

4. 下列属于弹性预算优点的有( )。

A. 适用范围广 B. 工作量小

C. 更贴近实际情况 D. 可比性强

5. 零基预算与增量预算的区别在于( )。

A. 剔除历史不合理因素 B. 科学分析预期因素

C. 有助于增加预算透明度 D. 有利于进行财务控制

三、判断题

1. 滚动预算是根据企业上期的实际经营情况并考虑本期可能发生的变化编制出来的预算。 ( )

2. 滚动预算会忽视企业的长期利益和长远发展。 ( )

3. 若采用增量预算法，编制预算的工作量将会增加。 ( )

4. 增量预算和零基预算的差别主要是编制预算的时间点不同。 ( )

5. 企业编制的预算实际上是一个完整的有机的预算整体，即总预算。 ( )

第三节　全面预算编制

一、单项选择题

1. 预计期初存货50件，期末存货40件，本期销售250件，则本期生产量为( )件。

A. 250 B. 200

C. 240 D. 230

2. 现金预算属于( )。

A. 经营预算 B. 特种决策预算

C. 财务预算 D. 生产预算

3. 编制全面预算的出发点是(　　)。

  A. 现金预算   B. 销售预算

  C. 生产预算   D. 弹性预算

4. 编制全面预算的终点是(　　)。

  A. 现金预算   B. 销售预算

  C. 生产预算   D. 预计资产负债表

5. 编制生产预算的基础是(　　)。

  A. 销售预算   B. 直接人工预算

  C. 管理费用预算   D. 现金预算

6. 下列关于生产预算的表述中，错误的是(　　)。

  A. 生产预算是一种业务预算   B. 生产预算不涉及实物量指标

  C. 生产预算以销售预算为基础编制   D. 生产预算是直接材料预算的编制依据

7. 丙公司预计2017年各季度的销售量分别为100件、120件、180件、200件。预计季度末产成品存货为下一季度销售量的20%，则丙公司第2季度预计生产量为(　　)件。

  A. 156   B. 132

  C. 136   D. 120

8. 某产品销售款的回收情况是：销售当月收款60%，次月收款40%，2019年1—3月的销售额估计为7000元、9000元、6000元。由此可预测2019年2月的现金收入为(　　)元。

  A. 7200   B. 7800

  C. 8200   D. 9000

9. 下列预算中，不涉及货币金额，只反映实物量的是(　　)。

  A. 生产预算   B. 销售预算

  C. 直接材料预算   D. 现金预算

10. 某企业2018年度预计生产某产品1000件，单位产品耗用材料15千克，该材料期初存量为1000千克，预计期末存量为3000千克，则全年预计采购量为(　　)千克。

  A. 18 000   B. 16 000

  C. 15 000   D. 17 000

11. 某公司预计计划年度期初应付账款余额为200万元，1月份至3月份采购金额分别为500万元、600万元和800万元，每月的采购款当月支付70%，次月支付30%，则预计一季度现金支出额是(　　)万元。

  A. 2100   B. 1900

  C. 1860   D. 1660

12. 在编制制造费用预算时，计算现金支出应予剔除的项目是(　　)。

  A. 间接材料   B. 间接人工

  C. 车间管理人员工资   D. 折旧费

13. 直接材料预算编制的基础是(　　)。

A. 销售预算 　　　　　　　　B. 直接人工预算

C. 财务预算 　　　　　　　　D. 生产预算

14. 下列预算中，在编制时不需要以生产预算为基础的是(　　)。

A. 变动制造费用预算 　　　　B. 销售费用预算

C. 产品成本预算 　　　　　　D. 直接人工预算

15. 下列预算中，不直接涉及现金收支的是(　　)。

A. 销售与管理费用预算 　　　B. 销售预算

C. 产品成本预算 　　　　　　D. 直接材料预算

二、多项选择题

1. 现金预算的编制依据有(　　)。

A. 业务预算 　　　　　　　　B. 专门决策预算

C. 预计利润表 　　　　　　　D. 预计资产负债表

2. 下列各项中，属于财务预算的有(　　)。

A. 销售预算 　　　　　　　　B. 现金预算

C. 预计利润表 　　　　　　　D. 预计资产负债表

3. 产品成本预算是(　　)的汇总。

A. 生产预算 　　　　　　　　B. 直接材料预算

C. 直接人工预算 　　　　　　D. 制造费用预算

4. 下列各项中，可以用专门决策预算作为编制依据的是(　　)。

A. 销售预算 　　　　　　　　B. 预计资产负债表

C. 销售及管理费用预算 　　　D. 现金预算

5. 下列各项预算中，与编制预计利润表直接相关的有(　　)。

A. 销售预算 　　　　　　　　B. 生产预算

C. 生产成本预算 　　　　　　D. 销售及管理费用预算

6. 销售预算的主要内容包括(　　)。

A. 销售量 　　　　　　　　　B. 销售费用

C. 销售单价 　　　　　　　　D. 销售收入

7. 直接材料采购预算中，预计采购数量与(　　)有关。

A. 销售量 　　　　　　　　　B. 生产需要量

C. 期初库存量 　　　　　　　D. 期末库存量

8. 在直接人工预算中，人工总成本是依据(　　)预计的。

A. 生产量 　　　　　　　　　B. 单位产品工时

C. 小时工资率 　　　　　　　D. 单位产品额定消耗量

9. 在编制销售预算中，经营现金收入的多少取决于( )。

   A. 期初应收账款　　　　　　　　B. 本期应收账款回收率

   C. 本期预计现销率　　　　　　　D. 本期销售数量

10. 现金预算至少包括( )部分。

   A. 期初余额　　　　　　　　　　B. 本期现金收入

   C. 现金余缺　　　　　　　　　　D. 现金筹措与运用

三、计算分析题

1. C公司为增值税一般纳税人，购销业务适用的增值税税率为13%，只生产一种产品。相关预算资料如下。

资料一：预计每个季度实现的销售收入(含增值税)均以赊销方式售出，其中40%在本季度内收到现金，其余60%要到下一季度收讫，假定不考虑坏账因素，部分数据如表5-31所示。

表5-31　资料一

项目	第1季度	第2季度	第3季度	第4季度
预计销售收入			88 000	
增值税销项税额		10 400		
预计含税销售收入	88 140			101 700
期初应收账款	16 640			
收回当期销售额				
经营现金收入合计				

资料二：预计每个季度所需要的直接材料(含增值税)均以赊购方式采购，其中45%于本季度内支付现金，其余55%需要到下个季度付讫，假定不存在应付账款到期现金支付能力不足的问题，部分数据如表5-32所示。

表5-32　资料二

项目	第1季度	第2季度	第3季度	第4季度
预计材料采购成本	48 000			
增值税进项税额			8840	
预计含税采购金额合计		58 760		79 100
期初应付账款	8000			
当期采购支出额				
材料采购现金支出合计				

要求：

(1) 根据资料一完成表中空白的数值(不需要列示计算过程)。

(2) 根据资料二完成表中空白的数值(不需要列示计算过程)。

(3) 根据资料一和资料二，计算预算年度应收账款和应付账款的期末余额。

2. 某企业4月和5月的销售额均为200万元，自6月起每月比上月销售额增长20%。公司应收账款政策是当月收款20%，次月收款70%，余款在第3个月收回。公司在销售前一个月购买原材料，并在购买后的下个月支付货款的50%，余款在次月付清，原材料成本占销售额的60%。要求：根据以上资料编制6月和7月的现金收入和现金支出。

3. 资料一：甲企业根据销售预测对某产品预算年度的销售量做预计如下。第1季度为5000件，第2季度为6000件，第3季度为8000件，第4季度为7000件，每个季度的期末结存量应为下一季度预计销售量的10%(该条件仅适用于第一问)，年初结存量为750件(该条件仅适用于第一问)，年末结存量为600件(该条件仅适用于第一问)。单位产品材料消耗定额为2千克/件，单位产品工时定额为5小时/件，单位工时的工资额为0.6元/小时。

资料二：若甲企业每季度材料的期末结存量为下一季度预计消耗量的10%，年初结存量为900千克，年末结存量为1000千克，计划单价为10元。材料款当季付70%，余款下一季度再付，期初应付账款为40 000元。

要求：

(1) 根据资料一编制该企业的生产预算和材料消耗预算，以及直接人工预算，如表5-33和表5-34所示。

表5-33 生产预算和材料消耗预算

项目	第1季度	第2季度	第3季度	第4季度	全年合计
预计销售量(件)					
加：预计期末结存(件)					
预计需要量(件)					
减：预计期初结存(件)					
预计生产量(件)					
材料定额单耗(千克/件)					
预计直接材料消耗量(千克)					

表5-34 直接人工预算

项目	第1季度	第2季度	第3季度	第4季度	全年合计
预计生产量(件)					
单耗工时(小时/件)					
直接人工小时数(小时)					
单位工时的工资率(元/小时)					
预计直接人工成本(元)					

(2) 根据资料一和资料二的有关资料编制材料采购预算，如表5-35所示。

表5-35　材料采购预算

项目		第1季度	第2季度	第3季度	第4季度	全年合计
直接材料采购预算	预计生产量					
	材料定额单耗(千克/件)					
	预计生产需要量(千克)					
	加：期末结存量(千克)					
	减：期初结存量(千克)					
	预计材料采购量(千克)					
	材料计划单价(元/千克)					
	预计采购金额(元)					
预计现金支出	应付账款期初余额(元)					
	第1季度购料付现(元)					
	第2季度购料付现(元)					
	第3季度购料付现(元)					
	第4季度购料付现(元)					
	现金支出合计(元)					

4. 某企业2021年有关预算资料如下。

(1) 预计该企业3—7月份的销售收入分别为32 000元、40 000元、48 000元、56 000元、64 000元。每月销售收入中，当月收到现金30%，下月收到现金70%。

(2) 各月直接材料采购成本按下一个月销售收入的60%计算。所购材料款于当月支付现金50%，下月支付现金50%。

(3) 预计该企业4—6月份的制造费用分别为3200元、3600元、3360元，每月制造费用中包括折旧费800元。

(4) 预计该企业4月份购置固定资产，需要现金12 000元。

(5) 企业在3月末有长期借款16 000元，利息率为15%。

(6) 预计该企业在现金不足时，向银行申请短期借款(为1000元的整数倍)；现金有多余时归还银行借款(为1000元的整数倍)。借款在期初，还款在期末，借款年利率为12%。

(7) 预计该企业期末现金余额的额定范围是7000～8000元，长期借款利息每季度末支付一次，短期借款利息还本时支付，其他资料见现金预算表，如表5-36所示。

要求：根据以上资料，完成该企业4—6月份现金预算的编制工作。

表5-36 现金预算表

项目	4月	5月	6月
期初现金余额	7000		
经营性现金收入			
经营性现金支出			
直接材料采购支出			
直接人工支出	2000	3500	2800
制造费用支出			
其他付现费用	800	900	750
预交所得税			8000
资本性现金支出			
现金余缺			
支付利息			
取得短期借款			
偿还短期借款			
期末现金余额			

习题参考答案

第六章 绩效管理

学习目标

知识目标

熟悉绩效管理的概念和企业进行绩效管理的应用环境；掌握企业应用关键绩效指标法进行绩效评估的方法；掌握经济增加值的计算方法；掌握企业应用平衡计分卡进行绩效评估的方法。

能力目标

通过对绩效管理的学习，充分认识到绩效管理对企业发展的重要意义；通过对关键绩效指标、经济增加值和平衡计分卡的学习，找到适合企业绩效评定的方法。

素质目标

引导学生具备开拓创新的职业品格和行为习惯，在创新创业中增长智慧才干；树立全局观念；增加学生考核评价企业绩效的分析能力和意识。

引导案例

骏马电器有限公司绩效管理

骏马电器有限公司的绩效管理主要采用以下步骤和方法。

(1) 对于部门主管以上领导干部，年终由主管领导召集其下属员工开会，共同听取其述职报告，再由员工及上级领导根据其一年来的表现填写"年度领导干部考核评议表"。该表汇总后将分数按"领导、部门内同事、下属"(2∶3∶5的权重)加权平均得出总分。

(2) 全体员工共分4组排序：一般员工、主管、部门经理、高层领导。每组按考评结果分5个等级，每一等级所占比例如表6-1所示。

表6-1　考评等级及比例

等级	A	B	C	D	E
比例	10%	30%	54%	5%	1%

(3) 考评结果运用：A等级范围的人有机会获得晋升，而E等级的将被淘汰或降级。

思考：

1. 请指出前两个步骤使用了哪些绩效考评方法。

2. 上述考评方法有哪些不足之处？请针对这些不足提出改进建议。

带着这些问题，让我们开始本章的学习。

第一节　绩效管理认知

一、绩效管理概述

(一) 绩效管理的概念

绩效管理概述

绩效管理，是指企业与所属单位(部门)、员工之间就绩效目标及如何实现绩效目标达成共识，并帮助和激励员工取得优异绩效，从而实现企业目标的管理过程。绩效管理的核心是绩效评价和激励管理。

绩效评价，是指企业运用系统的工具方法，对一定时期内企业营运效率与效果进行综合评判的管理活动。绩效评价是企业实施激励管理的重要依据。

激励管理，是指企业运用系统的工具方法，调动企业员工的积极性、主动性和创造性。激发企业员工工作动力的管理活动。激励管理是促进企业绩效提升的重要手段。

(二) 绩效管理应遵循的原则

1. 战略导向原则

绩效管理应为企业实现战略目标服务，支持价值创造能力提升。

2. 客观公正原则

绩效管理应实事求是，评价过程应客观公正，激励实施应公平合理。

3. 规范统一原则

绩效管理的政策和制度应统一明确，并严格执行规定的程序和流程。

4. 科学有效原则

绩效管理应做到目标符合实际，方法科学有效，激励与约束并重，操作简便易行。

(三) 绩效管理应用方法

绩效管理领域应用的管理会计工具方法，一般包括关键绩效指标法、经济增加值法、平衡计分卡、股权激励等。

企业可根据自身战略目标、业务特点和管理需要，结合不同工具方法的特征及适用范围，选择一种适合的绩效管理工具方法单独使用，也可选择两种或两种以上的工具方法综合运用。

二、绩效管理的应用环境

(一) 机构要求

企业进行绩效管理时，应设立薪酬与考核委员会或类似机构，主要负责审核绩效管理的政策和制度、绩效计划与激励计划、绩效评价结果与激励实施方案、绩效评价与激励管理报告等，协调解决绩效管理工作中的重大问题。

薪酬与考核委员会或类似机构下设绩效管理工作机构，主要负责制定绩效管理的政策和制度，制订绩效计划与激励计划，组织绩效计划与激励计划的执行与实施，编制绩效评价与激励管理报告等，协调解决绩效管理工作中的日常问题。

(二) 体系要求

企业应建立健全绩效管理的制度体系，明确绩效管理的工作目标、职责分工、工作程序、工具方法、信息报告等内容。

(三) 系统要求

企业应建立有助于绩效管理实施的信息系统，为绩效管理工作提供信息支持。

三、绩效计划与激励计划的制订

(一) 一般程序

企业应用绩效管理工具方法，一般按照制订绩效计划与激励计划、执行绩效计划与激励计划、实施绩效评价与激励、编制绩效评价与激励管理报告等程序进行。

绩效计划与激励
计划的制定

(二) 编制背景

企业应根据战略目标，综合考虑绩效评价期间宏观经济政策、外部市场环境、内部管理需要等因素，结合业务计划与预算，按照上下结合、分级编制、逐级分解的程序，在沟通反馈的基础上，编制各层级的绩效计划与激励计划。

(三) 绩效计划落实的顺序

绩效计划是企业开展绩效评价工作的行动方案，包括构建指标体系、分配指标权重、确定绩效目标值、选择计分方法和评价周期、拟定绩效责任书等一系列管理活动。制订绩效计划通常从企业级开始，层层分解到所属单位(部门)，最终落实到具体岗位和员工。

(四) 绩效评定方法及指标的选择

企业可单独或综合运用关键绩效指标法、经济增加值法、平衡计分卡等工具方法构建指标体系。指标体系应反映企业战略目标实现的关键成功因素，具体指标应含义明确、可度量。

指标权重的确定可选择运用主观赋权法或客观赋权法，也可综合运用这两种方法。主观赋权法是利用专家或个人的知识与经验来确定指标权重的方法，如德尔菲法、层次分析法等。客观赋权法是从指标的统计性质入手，由调查数据确定指标权重的方法，如主成分分析法、均方差法等。

绩效目标值的确定可参考内部标准与外部标准。内部标准有预算标准、历史标准、经验标准等；外部标准有行业标准、竞争对手标准、标杆标准等。

(五) 绩效评价的计分方法

绩效评价的计分方法可分为定量法和定性法。定量法主要有功效系数法和综合指数法等；定性法主要有素质法和行为法等。

(六) 绩效评价的周期

绩效评价周期一般可分为月度、季度、半年度、年度、任期。月度、季度绩效评价一般适用于企业基层员工和管理人员，半年度绩效评价一般适用于企业中高层管理人员，年度绩效评价适用于企业所有被评价对象，任期绩效评价主要适用于企业负责人。

(七) 激励计划

激励计划是企业为激励被评价对象而采取的行动方案，包括激励对象、激励形式、激励条件、激励周期等内容。激励计划按激励形式可分为薪酬激励计划、能力开发激励计划、职业发展激励计划和其他激励计划。

薪酬激励计划按期限可分为短期薪酬激励计划和中长期薪酬激励计划。短期薪酬激励计划主要包括绩效工资、绩效奖金、绩效福利等。中长期薪酬激励计划主要包括股票期权、股票增值权、限制性股票及虚拟股票等。

能力开发激励计划主要包括对员工知识、技能等方面的提升计划。

职业发展激励计划主要是对员工职业发展做出的规划。

其他激励计划包括良好的工作环境、晋升与降职、表扬与批评等。

(八) 绩效计划与激励计划制订完成后应注意的问题

激励计划的制订应以绩效计划为基础，采用多元化的激励形式，兼顾内在激励与外在激励、短期激励与长期激励、现金激励与非现金激励、个人激励与团队激励、正向激励与负向激励，充分发挥各种激励形式的综合作用。

绩效计划与激励计划制订完成后，应经薪酬与考核委员会或类似机构审核，报董事会或类似机构审批。经审批的绩效计划与激励计划应保持稳定，一般不予调整，若受国家政策、市场环境、不可抗力等客观因素影响，确需调整的，应严格履行规定的审批程序。

四、绩效计划与激励计划的执行

审批后的绩效计划与激励计划，应以正式文件的形式下达执行，确保与计划相关的被评价对象能够了解计划的具体内容和要求。

绩效计划与激励计划下达后，各计划执行单位(部门)应认真组织实施，从横向和纵向两方面落实到各所属单位(部门)、各岗位员工，形成全方位的绩效计划与激励计划执行责任体系。

绩效计划与激励计划执行过程中，企业应建立配套的监督控制机制，及时记录执行情况，进行差异分析与纠偏，持续优化业务流程，确保绩效计划与激励计划的有效执行。

(一) 监控与记录

企业可借助信息系统或其他信息支持手段，监控和记录指标完成情况、重大事项、员工的工作表现、激励措施执行情况等内容。收集信息的方法主要有观察法、工作记录法、他人反馈法等。

(二) 分析与纠偏

根据监控与记录的结果，重点分析指标完成值与目标值的偏差、激励效果与预期目标的偏差，提出相应整改建议并采取必要的改进措施。

(三) 编制分析报告

分析报告主要反映绩效计划与激励计划的执行情况及分析结果，其频率可以是月度、季度、年度，也可根据需要编制。

绩效计划与激励计划执行过程中，绩效管理工作机构应通过会议、培训、网络、公告栏等形式，进行多渠道、多样化、持续不断地沟通与辅导，使绩效计划与激励计划得到充分理解和有效执行。

五、绩效评价与激励的实施

(1) 绩效管理工作机构应根据计划的执行情况定期实施绩效评价与激励，按照绩效计划与激励计划的约定，对被评价对象的绩效表现进行系统、全面、公正、客观的评价，并根据评价结果实施相应的激励。

(2) 评价主体应按照绩效计划收集相关信息，获取被评价对象的绩效指标实际值，对照目标值，应用选定的计分方法计算评价分值，并进一步形成对被评价对象的综合评价结果。

(3) 绩效评价过程及结果应有完整的记录，结果应得到评价主体和被评价对象的确认，并进行公开发布或非公开告知。公开发布的主要方式有召开绩效发布会、企业网站绩效公示、面板绩效公告等；非公开发布一般采用一对一书面、电子邮件函告或面谈告知等方式进行。

(4) 评价主体应及时向被评价对象进行绩效反馈，反馈内容包括评价结果、差距分析、改进建议及措施等，可采取反馈报告、反馈面谈、反馈报告会等形式进行。

(5) 绩效结果发布后，企业应依据绩效评价的结果，组织兑现激励计划，综合运用绩效薪酬激励、能力开发激励、职业发展激励等多种方式，逐级兑现激励承诺。

六、绩效评价与激励管理报告

绩效管理工作机构应定期或根据需要编制绩效评价与激励管理报告，对绩效评价和激励管理的结果进行反映。绩效评价与激励管理报告是企业管理会计报告的重要组成部分，应确保内容真实、数据可靠、分析客观、结论清楚，为报告使用者提供满足决策需要的信息。

(一) 报告的分类

绩效评价与激励管理报告可分为定期报告和不定期报告。

定期报告主要反映一定期间被评价对象的绩效评价与激励管理情况。每个会计年度至少出具一份定期报告。

不定期报告根据需要编制，反映部分特殊事项或特定项目的绩效评价与激励管理情况。

(二) 报告的内容

1. 按评价结果编制报告

绩效评价报告根据评价结果编制，反映被评价对象的绩效计划完成情况，通常由报告正文和附件构成。

1) 报告正文

报告正文主要包括以下两部分。

(1) 评价情况说明，包括评价对象、评价依据、评价过程、评价结果、需要说明的重大事项等。

(2) 管理建议。

2) 附件

报告附件包括评价计分表、问卷调查结果分析、专家咨询意见等报告正文的支持性文档。

2. 按执行结果编制报告

激励管理报告根据激励计划的执行结果编制，反映被评价对象的激励计划实施情况。激励管理报告主要包括以下两部分。

(1) 激励情况说明，包括激励对象、激励依据、激励措施、激励执行结果、需要说明的重大事项等。

(2) 管理建议。

其他有关支持性文档可以根据需要以附件形式提供。

(三) 报告的后续工作

绩效评价与激励管理报告应根据需要及时报送薪酬与考核委员会或类似机构审批。

企业应定期通过回顾和分析，检查和评估绩效评价与激励管理的实施效果，不断优化绩效计划和激励计划，改进未来绩效管理工作。

【例题6-1】李某是M公司生产部门主管，该部门有20多名员工，其中既有生产人员又有管理人员。该部门采用的考评方法是排队法，每年对员工考评一次。具体做法是：根据员工的实际表现给其打分，每个员工最高分为100分，上级打分占30%，同事打分占70%。在考评时，20多人互相打分，以此确定员工的位置。李某平时很少与员工就工作中的问题进行交流，只是到了年度奖金分配时，才对所属员工进行打分排序。

请分析：

1. 该部门在考评中存在哪些问题？

2. 产生问题的原因是什么？

【解析】

1. 该部门在考评中存在的问题

(1) 考评方法不合理，缺乏客观标准。对于生产人员和管理人员的考评，应首先将员工的工作表现与客观标准相比较，而不能仅采用排队法这一员工之间主观比较的方法。

(2) 考评方式不合理。生产人员和管理人员的工作性质、工作过程和结果有着本质的不同，因此，应采用不同的标准分别进行考评，而不能混在一起互相打分。

(3) 对生产人员和管理人员进行考评时，都应以上级考评为主，而不能以同级考评为主，这样会影响考评的客观公正性。

(4) 主管平时缺少与员工的沟通，很少对员工进行指导，这影响了考评结果的客观性。

(5) 绩效考评应按步骤进行，这样才能有效发挥绩效考评的作用。

(6) 考评周期不合理。生产人员和管理人员的考评周期不应都为一年，生产人员应相对短一些。

2. 产生问题的原因

(1) 主管李某缺乏绩效管理的相关知识，不能科学有效地在本部门实施绩效管理。

(2) 绩效管理目的不明确。绩效管理的根本目的是促进企业和员工的共同发展，而不仅仅是为了发放奖金。

第二节 关键绩效指标法

一、关键绩效指标法的概念

关键绩效指标法，是指基于企业战略目标，通过建立关键绩效指标(key performance indicator，KPI)体系，将价值创造活动与战略规划目标有效联系，并据此进行绩效管理的方法。

关键绩效指标法的概念

关键绩效指标，是对企业绩效产生关键影响力的指标，是通过对企业战略目标、关键成果领域的绩效特征分析，识别和提炼出的最能有效驱动企业价值创造的指标。关键绩效指标法既可单独使用，也可与经济增加值法、平衡计分卡等其他方法结合使用。关键绩效指标法的应用对象包括企业、所属单位(部门)和员工。

二、关键绩效指标法的应用环境

企业应用关键绩效指标法，应综合考虑绩效评价期间宏观经济政策、外部市场环境、内部管理需要等因素，构建指标体系。

企业应有明确的战略目标。战略目标是确定关键绩效指标体系的基础，关键绩效指标反映战略目标，对战略目标实施效果进行衡量和监控。

企业应清晰识别价值创造模式，按照价值创造路径识别出关键驱动因素，科学地选择和设置关键绩效指标。

三、关键绩效指标法的应用程序

企业应用关键绩效指标法，一般按照制订以关键绩效指标为核心的绩效计划、制订激励计划、执行绩效计划与激励计划、实施绩效评价与激励、编制绩效评价与激励管理报告等程序进行。其绩效计划包括构建指标体系、分配指标权重、确定绩效目标值、选择计分方法和评价周期、拟定绩效责任书等。

关键绩效指标法应用程序

(一) 一般程序

企业构建关键绩效指标体系，一般按照以下程序进行。

(1) 制定企业级关键绩效指标。企业应根据战略目标，结合价值创造模式，综合考虑内外部环境等因素，设定企业级关键绩效指标。

(2) 制定所属单位(部门)级关键绩效指标。根据企业级关键绩效指标，结合所属单位(部门)关键业务流程，按照上下结合、分级编制、逐级分解的程序，在沟通反馈的基础上，设定所属单位(部门)级关键绩效指标。

(3) 制定岗位(员工)级关键绩效指标。根据所属单位(部门)级关键绩效指标,结合员工岗位职责和关键工作价值贡献,设定岗位(员工)级关键绩效指标。

(二) 关键绩效指标的分类

企业的关键绩效指标一般可分为结果类和动因类两类。结果类指标是反映企业绩效的价值指标,主要包括投资回报率、净资产收益率、经济增加值、息税前利润、自由现金流等综合指标;动因类指标是反映企业价值关键驱动因素的指标,主要包括资本性支出、单位生产成本、产量、销量、客户满意度、员工满意度等。

(三) 指标选取的要求

关键绩效指标应含义明确、可度量、与战略目标高度相关。指标的数量不宜过多,每一层级的关键绩效指标一般不超过10个。

关键绩效指标选取的方法主要有关键成果领域分析法、组织功能分解法和工作流程分解法。关键成果领域分析法,是基于对企业价值创造模式的分析,确定企业的关键成果领域,并在此基础上进一步识别关键成功要素,确定关键绩效指标的方法。组织功能分解法,是基于组织功能定位,按照各所属单位(部门)对企业总目标所承担的职责,逐级分解和确定关键绩效指标的方法。工作流程分解法,是按照工作流程各环节对企业价值的贡献程度,识别出关键业务流程,将企业总目标层层分解至关键业务流程相关所属单位(部门)或岗位(员工),确定关键绩效指标的方法。

关键绩效指标的权重分配应以企业战略目标为导向,反映被评价对象对企业价值的贡献或支持的程度,以及各指标之间的重要性水平。单项关键绩效指标权重一般设定在5%~30%,对特别重要的指标可适当提高权重。对特别关键、影响企业整体价值的指标可设立"一票否决"制度,即如果某项关键绩效指标未完成,无论其他指标是否完成,均视为未完成绩效目标。

(四) 绩效指标目标值

1. 目标值标准

企业确定关键绩效指标目标值,一般参考以下标准。

(1) 依据国家有关部门或权威机构发布的行业标准或参考竞争对手标准。

(2) 参照企业内部标准,包括企业战略目标、年度生产经营计划目标、年度预算目标、历年指标水平等。

(3) 不能按前两项方法确定的,可根据企业历史经验值确定。

2. 确定目标值的后续工作

关键绩效指标的目标值确定后,应规定因内外部环境发生重大变化、自然灾害等不可抗力因素对绩效完成结果产生重大影响时,对目标值进行调整的办法和程序。一般情况下，由被评价对象或评价主体测算确定影响额度，向相应的绩效管理工作机构提出调整申请，报薪酬与考核委员会或类似机构审批。

四、关键绩效指标法的优缺点

(一) 关键绩效指标法的优点

关键绩效指标法的优点有：使业绩评价与战略目标密切相关，有利于战略目标的实现；通过识别的价值创造模式把握关键价值驱动因素，能够更有效地实现企业价值增值目标；评价指标数量相对较少，易于理解和使用，实施成本相对较低，有利于推广实施。

(二) 关键绩效指标法的缺点

关键绩效指标的选取需要透彻理解企业价值创造模式和战略目标，有效识别核心业务流程和关键价值驱动因素，若指标体系设计不当将导致错误的价值导向或管理缺失。

【例题6-2】甲公司是一家重型设备加工企业，为了提高管理效率，保障公司内部所有员工都盯住战略目标，召开了绩效评价专题讨论会，拟选择与战略推进密切相关的关键指标对相关人员进行绩效评价。会议资料摘录如下。

关键绩效指标法
例题

(1) 要求科学地选择和设置关键绩效指标，关键绩效指标应该概念明确、可度量、与战略高度相关，并能反映企业绩效结果，每一层的指标数量限定在5~8个。

(2) 关键绩效指标权重的设置必须考虑该指标对企业价值的贡献程度。如果影响企业整体价值的指标未完成，即使其他指标完成，也视为未完成绩效。

要求：

(1) 根据资料(1)，指出如何制定企业级的关键绩效指标。

(2) 根据资料(1)，指出关键绩效指标的设置是否有不妥之处，若有不妥之处，请说明理由。

(3) 根据资料(2)，指出关键绩效指标权重的设置是否有不妥之处，若有不妥之处，请说明理由。

(4) 根据资料，指出关键绩效指标法的缺点。

【解析】

(1) 根据战略目标，结合价值创造模式，综合考虑内外部环境等因素，设定企业级关键绩效指标。

(2) 有不妥之处。

理由：企业关键绩效指标分为结果类指标和动因类指标，其中，结果类指标是反映企业绩效的价值指标，动因类指标是反映企业价值的驱动因素指标。

(3) 没有不妥之处。

(4) 关键绩效指标的选取需要透彻理解企业价值创造模式和战略目标，有效识别核心业务流程和关键价值驱动因素，指标体系设计不当将导致错误的价值导向或管理缺失。

第三节 经济增加值法

一、经济增加值法的概念

经济增加值法，是指以经济增加值(economic value added，EVA)为核心，建立绩效指标体系，引导企业注重价值创造，并据此进行绩效管理的方法。

经济增加值，是指税后净营业利润扣除全部投入资本的成本后的剩余收益。经济增加值及其改善值是全面评价经营者有效使用资本和为企业创造价值的重要指标。经济增加值为正，表明经营者在为企业创造价值；经济增加值为负，表明经营者在损毁企业价值。

经济增加值法的概念

经济增加值法较少单独应用，一般与关键绩效指标法、平衡计分卡等其他方法结合使用。企业应用经济增加值法进行绩效管理的对象包括企业及其所属单位(部门)(可单独计算经济增加值)和高级管理人员。

二、经济增加值法的应用环境

(1) 企业应用经济增加值法，应树立价值管理理念，明确以价值创造为中心的战略目标，建立以经济增加值为核心的价值管理体系，使价值管理成为企业的核心管理制度。

(2) 企业应综合考虑宏观环境、行业特点和企业的实际情况，通过价值创造模式的识别，确定关键价值驱动因素，构建以经济增加值为核心的指标体系。

(3) 企业应建立清晰的资本资产管理责任体系，确定不同被评价对象的资本资产管理责任。

(4) 企业应建立健全会计核算体系，确保会计数据真实可靠、内容完整，并及时获取与经济增加值计算相关的会计数据。

(5) 企业应加强融资管理，关注筹资来源与渠道，及时获取债务资本成本、股权资本成本等相关信息，合理确定资本成本。

(6) 企业应加强投资管理，把能否增加价值作为新增投资项目决策的主要评判标准，以保持持续的价值创造能力。

三、经济增加值法的应用程序

企业应用经济增加值法，一般按照制订以经济增加值指标为核心的绩效计划、制订激励计划、执行绩效计划与激励计划、实施绩效评价与激励、编制绩效评价与激励管理报告等程序进行。

构建经济增加值指标体系，一般按照以下程序进行。

(1) 制定企业级经济增加值指标体系。首先应结合行业竞争优势、组织结构、业务特点、会计政策等情况，确定企业级经济增加值指标的计算公式、调整项目、资本成本等，并围绕经济增加值的关键驱动因素，制定企业的经济增加值指标体系。

(2) 制定所属单位(部门)级经济增加值指标体系。根据企业级经济增加值指标体系，结合所属单位(部门)所处行业、业务特点、资产规模等因素，在充分沟通的基础上，设定所属单位(部门)级经济增加值指标的计算公式、调整项目、资本成本等，并围绕所属单位(部门)经济增加值的关键驱动因素，细化制定所属单位(部门)的经济增加值指标体系。

(3) 制定高级管理人员的经济增加值指标体系。根据企业级、所属单位(部门)级经济增加值指标体系，结合高级管理人员的岗位职责，制定高级管理人员的经济增加值指标体系。

四、经济增加值法的计算

经济增加值的计算公式如下。

经济增加值＝税后净营业利润－平均资本占用×加权平均资本成本

经济增加值法的
计算

其中：税后净营业利润衡量的是企业的经营盈利情况；平均资本占用反映的是企业持续投入的各种债务资本和股权资本；加权平均资本成本反映的是企业各种资本的平均成本率。

计算经济增加值时，需要进行相应的会计项目调整，以消除财务报表中不能准确反映企业价值创造的部分。会计调整项目的选择应遵循价值导向性、重要性、可控性、可操作性与行业可比性等原则，根据企业实际情况确定。常用的调整项目有以下几个。

(1) 研究开发费、大型广告费等一次性支出但收益期较长的费用，应予以资本化处理，不计入当期费用。

(2) 反映付息债务成本的利息支出，不作为期间费用扣除，计算税后净营业利润时扣除所得税影响后予以加回。

(3) 营业外收入、营业外支出具有偶发性，将当期发生的营业外收支从税后净营业利润中扣除。

(4) 将当期减值损失扣除所得税影响后予以加回，并在计算资本占用时相应调整资产减值准备发生额。

(5) 递延税金不反映实际支付的税款情况，将递延所得税资产及递延所得税负债变动影响的企业所得税从税后净营业利润中扣除，相应调整资本占用。

(6) 其他非经常性损益调整项目，如股权转让收益等。

1. 税后净营业利润

税后净营业利润等于会计上的税后净利润加上利息支出等会计调整项目后得到的税后利润。

2. 平均资本占用

平均资本占用是所有投资者投入企业经营的全部资本，包括债务资本和股权资本。其中，债务资本包括融资活动产生的各类有息负债，不包括经营活动产生的无息流动负债；股权资本中包含少数股东权益。

资本占用除根据经济业务实质相应调整资产减值损失、递延所得税等，还可根据管理需要调整研发支出、在建工程等项目，引导企业注重长期价值创造。

3. 加权平均资本成本

加权平均资本成本是债务资本成本和股权资本成本的加权平均，反映了投资者所要求的必要报酬率。加权平均资本成本的计算公式如下。

$$K_{\text{WACC}} = K_D \frac{\text{DC}}{\text{TC}}(1-T) + K_S \frac{\text{EC}}{\text{TC}}$$

其中：K_{WACC}代表加权平均资本成本，K_D代表债务资本成本，K_S代表股权资本成本，DC代表债务资本，TC代表资本占用，EC代表股权资本，T代表所得税税率。

债务资本成本是企业实际支付给债权人的税前利率，反映的是企业在资本市场中债务融资的成本率。如果企业存在不同利率的融资来源，则债务资本成本应使用加权平均值。

股权资本成本是在不同风险下，所有者对投资者要求的最低回报率，通常根据资本资产定价模型确定。其计算公式如下。

$$K_s = R_f + \beta(R_m - R_f)$$

其中：K_s为股权资本成本，R_f为无风险收益率，R_m为市场预期回报率，$R_m - R_f$为市场风险溢价，β为企业股票相对于整个市场的风险指数。上市企业的β值，可采用回归分析法或单独使用最小二乘法等方法测算确定，也可以直接采用证券机构等提供或发布的值；非上市企业的β值，可采用类比法，参考同类上市企业的β值确定。

企业级加权平均资本成本确定后，应结合行业情况、不同所属单位(部门)的特点，通过计算(能单独计算的)或指定(不能单独计算的)的方式确定所属单位(部门)的资本成本。

通常情况下，企业对所属单位(部门)所投入资本即股权资本的成本率是相同的，为简化资本成本的计算，所属单位(部门)的加权平均资本成本一般与企业保持一致。

经济增加值法指标体系通常包括经济增加值、经济增加值改善值、经济增加值回报率、资本周转率、产量、销量、单位生产成本等。

应用经济增加值法建立的绩效评价体系，应赋予经济增加值指标较高的权重。

【例题6-3】乙公司是一家国有控股上市公司，采用经济增加值作为业绩评价指标，目前，控股股东正对乙公司2021年度的经营业绩进行评价，相关资料如下。

(1) 乙公司2020年年末和2021年年末资产负债表如表6-2所示。

表6-2　乙公司2020年年末和2021年年末资产负债表

单位：万元

项目	2021年年末	2020年年末	项目	2021年年末	2020年年末
货币资金	395	420	应付账款	1350	1165
应收票据	100	95	应付职工薪酬	35	30
应收账款	2060	2040	应交税费	100	140
其他应收款	330	325	其他应付款	140	95
存货	2300	2550	长期借款	2500	2500
固定资产	4600	4250	优先股	1200	1200
在建工程	2240	1350	普通股	5000	5000
			留存收益	1700	900
合计	12 025	11 030	合计	12 025	11 030

(2) 乙公司2021年度利润表如表6-3所示。

表6-3　乙公司2021年度利润表

单位：万元

项目	金额
管理费用	1950
其中：研究与开发费	360
财务费用	220
其中：利息支出	200
营业外收入	400
净利润	1155

(3) 乙公司2021年的营业外收入均为非经常性收益。

(4) 乙公司长期借款还有3年到期，年利率为8%，优先股12万股，每股面额100元，票面股息率为10%，普通股β系数为1.2。

(5) 无风险报酬率为3%，市场组合的必要报酬率为13%，公司所得税税率为25%。

要求：

(1) 以账面价值平均值为权数计算乙公司的加权平均资本成本。

(2) 计算2021年乙公司调整后税后净营业利润、调整后资本和经济增加值。

【解析】

(1) 债务资本成本＝8%×(1-25%)＝6%

优先股资本成本＝10%

普通股资本成本＝3%+1.2×(13%-3%)＝15%

长期借款所占比重＝[(2500+2500)÷2]÷[(2500+2500)÷2+(1200+1200)÷2+

(5000+5000)÷2+(1700+900)÷2]＝25%

优先股所占比重＝[(1200+1200)÷2]÷[(2500+2500)÷2+(1200+1200)÷2+

(5000+5000)÷2+(1700+900)÷2]＝12%

普通股及留存收益所占比重＝[(5000+5000)÷2+(1700+900)÷2]÷

[(2500+2500)÷2+(1200+1200)÷2+

(5000+5000)÷2+(1700+900)÷2]＝63%

加权平均资本成本＝6%×25%+10%×12%+15%×63%＝12.15%

(2) 调整后税后净营业利润＝1155+(200+360)×(1-25%)-400×(1-25%)

＝1275(万元)

平均所有者权益＝(1200+1200)÷2+(5000+5000)÷2+(1700+900)÷2＝7500(万元)

平均负债＝(1350+1165)÷2+(35+30)÷2+(100+140)÷2+(140+95)÷2+

(2500+2500)÷2＝4027.5(万元)

平均无息流动负债＝(1350+1165)÷2+(35+30)÷2+(100+140)÷2+

(140+95)÷2＝1527.5(万元)

平均在建工程＝(2240+1350)÷2＝1795(万元)

调整后资本＝7500+4027.5-1527.5-1795＝8205(万元)

经济增加值＝1275-8205×12.15%＝278.09(万元)

五、经济增加值法的目标值

经济增加值的目标值根据经济增加值基准值(简称EVA基准值)和期望的经济增加值改善值(简称期望的ΔEVA)确定。即

经济增加值法的目标值

$$EVA目标值＝EVA基准值+期望的ΔEVA$$

企业在确定EVA基准值和期望的ΔEVA值时，要充分考虑企业规模、发展阶段、行业特点等因素。其中，EVA基准值可参照上年实际完成值、上年实际完成值与目标值的平均值、近几年(如前3年)实际完成值的平均值等确定。期望的ΔEVA值，根据企业战略目标、年度生产经营计划、年度预算安排、投资者期望等因素，结合价值创造能力改善等要求综合确定。

六、经济增加值法的激励计划

经济增加值法的激励计划按激励形式可分为薪酬激励计划、能力开发激励计划、职业发展激励计划和其他激励计划。应用经济增加值法建立的激励体系，应以经济增加值的改善值为基础。

薪酬激励计划主要包括目标奖金、奖金库和基于经济增加值的股票期权。

(1) 目标奖金。目标奖金是达到经济增加值目标值所获得的奖金，只对经济增加值的增量部分实施奖励。

(2) 奖金库。奖金库是基于对企业经济增加值长期增长目标实施的奖励。企业设立专门的账号管理奖金，将以经济增加值为基准计算的奖金额存入专门账户中，以递延奖金形式发放。

(3) 股票期权。根据经济增加值确定股票期权的行权价格和数量，行权价格每年以相当于企业资本成本的比例上升，授予数量由当年所获得的奖金确定。

能力开发激励计划主要包括对员工知识、技能等方面的提升计划。

职业发展激励计划主要是对员工职业发展做出的规划。

其他激励计划包括良好的工作环境、晋升与降职、表扬与批评等。

企业应用经济增加值法应循序渐进，在企业及部分所属单位试点的基础上，总结完善后稳步推开。

七、经济增加值法的优缺点

(一) 经济增加值法的优点

经济增加值法的优点主要有以下几个。

(1) EVA指标是一个综合的财务评价手段。EVA的出现使整个企业的活动都围绕如何提高EVA来开展，从战略的生成到财务计划的制订，从投资决策到日常的财务控制，从业绩评价到奖惩激励，都始终贯彻着EVA指标。而传统的财务评价体系一般设计不同的财务指标来满足不同的需要。

(2) EVA可以正确引导各部门做出有利于企业整体发展的行为。EVA能有效解决次优化决策问题，部门经理可以通过提高部门现有资产的回报率，增加收益超过资本成本的新资本投入，以及减少收益低于资本成本的资产占用等方法，在增加本部门业绩的同时，增加公司总体的经济增加值。

(3) EVA业绩指标向公司高层较准确地传递了部门业绩信息。相对于传统的财务分析模式，EVA是部门经营业绩的综合反映，有利于鼓励部门实施长期投资政策，并且在EVA业绩评价指标下，可以将部门的战略性投资资本化。调整营业净利润，鼓励部门关注公司的发展。

(4) EVA指标可以为多重评价主体服务。它不仅可以作为投资者评价企业及高层管理者业绩的指标，而且可以作为高层管理者评价内部各部门及相应管理者业绩的指标。也就是说，经济增加值不但可以作为外部评价指标，也可以作为内部业绩评价指标。

(二) 经济增加值法的缺点

经济增加值法的缺点主要有以下几个。

(1) EVA作为一种纯财务指标，只是片面地反映了企业经营的最终结果，不能识别出财务报表的虚假风险，不能反映出企业在客户关系管理、内部运营及创新等视角的具体状况如何，也不能有效地分析出经营过程中的问题症结所在。

(2) EVA作为一种绝对量指标，只能从总量上说明经济效益的有无及多少，不能从质上说明经济效益的高低，更不能反映出规模不同的部门和行业之间经济效益的多寡，无法进行企业之间和部门之间业绩的横向比较。

(3) EVA能够有效地反映企业为股东创造的财富，是站在股东的角度评价企业的业绩，但对其他利益相关者的要求则无法反映，难以实现对企业绩效的全面综合评价。

(4) EVA指标是通过对传统的财务报表数据进行一系列调整计算的，这种调整增加了EVA计算的难度，并且可能去掉了企业向市场传递其成长机会的信息，增加了投资决策的难度。

总之，与传统的企业绩效评价指标相比，EVA评价能够很好地衡量企业财富的增值。但EVA系统仍属于财务绩效的评价体系，对非财务绩效评价重视不够。因此，在新的经济环境下，应把财务评价和非财务评价相结合，才能完成企业业绩的合理评价。

第四节　平衡计分卡

一、平衡计分卡的概念

平衡计分卡，是指基于企业战略，从财务、客户、内部业务流程、学习与成长4个维度，将战略目标逐层分解转化为具体的、相互平衡的绩效指标体系，并据此进行绩效管理的方法。

平衡计分卡的概念

平衡计分卡通常与战略地图等其他工具结合使用。平衡计分卡适用于战略目标明确、管理制度比较完善、管理水平相对较高的企业。平衡计分卡的应用对象包括企业、所属单位(部门)和员工。

二、平衡计分卡的应用环境

企业应用平衡计分卡工具方法，应有明确的愿景和战略。平衡计分卡应以战略目标为核心，全面描述、衡量和管理战略目标，将战略目标转化为可操作的行动。

平衡计分卡可能涉及组织和流程变革，具有创新精神、变革精神的企业文化有助于成功实施平衡计分卡。

企业应对组织结构和职能进行梳理，消除不同组织职能间的壁垒，实现良好的组织协同，既包括企业内部各级单位(部门)之间的横向与纵向协同，也包括与投资者、客户、供应商等外部利益相关者之间的协同。

企业应注重员工学习与成长能力的提升，以更好地实现平衡计分卡的财务、客户、内部业务流程目标，使战略目标贯彻到每名员工的日常工作中。

平衡计分卡的实施是一项复杂的系统工程。企业一般需要建立由战略管理、人力资源管理、财务管理和外部专家等组成的团队，为平衡计分卡的实施提供机制保障。

企业应建立高效集成的信息系统，实现绩效管理与预算管理、财务管理、生产经营等系统的紧密结合，为平衡计分卡的实施提供信息支持。

三、平衡计分卡的应用程序

(一) 一般程序

企业应用平衡计分卡工具方法，一般按照制定战略地图来制订以平衡计分卡为核心的绩效计划、制订激励计划、制订战略性行动方案、执行绩效计划与激励计划、实施绩效评价与激励、编制绩效评价与激励管理报告等程序进行。

平衡计分卡
应用程序

企业首先应制定战略地图，即基于企业愿景与战略，将战略目标及其因果关系、价值创造路径以图示的形式直观、明确、清晰地呈现。战略地图基于战略主题构建，战略主题反映企业价值创造的关键业务流程，每个战略主题包括相互关联的一两个目标。

战略地图制定后，应以平衡计分卡为核心编制绩效计划。绩效计划是企业开展绩效评价工作的行动方案，包括构建指标体系、分配指标权重、确定绩效目标值、选择计分方法和评价周期、签订绩效责任书等系列管理活动。制订绩效计划通常从企业级开始，层层分解到所属单位(部门)，最终落实到具体岗位和员工。

(二) 平衡计分卡的指标体系

平衡计分卡指标体系的构建应围绕战略地图，针对财务、客户、内部业务流程和学习与成长4个维度的战略目标，确定相应的评价指标。

构建平衡计分卡指标体系的一般程序如下。

1. 制定企业级指标体系

根据企业层面的战略地图，为每个战略主题的目标设定指标，每个目标至少应有一个指标。

2. 制定所属单位(部门)级指标体系

依据企业级战略地图和指标体系，制定所属单位(部门)的战略地图，确定相应的指标体系，协同各所属单位(部门)的行动与战略目标保持一致。

3. 制定岗位(员工)级指标体系

根据企业、所属单位(部门)级指标体系，按照岗位职责逐级形成岗位(员工)级指标体系。

平衡计分卡指标体系构建时，应注重短期目标与长期目标的平衡、财务指标与非财务指标的平衡、结果性指标与动因性指标的平衡、企业内部利益与外部利益的平衡。平衡计分卡每个维度的指标通常为4～7个，总数量一般不超过25个。

(三) 平衡计分卡的维度

平衡计分卡指标体系构建时，企业应以财务维度为核心，其他维度的指标都与核心维度的一个或多个指标相联系。通过梳理核心维度目标的实现过程，确定每个维度的关键驱动因素，结合战略主题，选取关键绩效指标。

1. 财务维度指标体系的构建

财务维度以财务术语描述了战略目标的有形成果。财务绩效指标可以显示企业的战略及其实施和执行是否对改善企业盈利做出贡献。财务指标通常与获利能力有关。企业常用指标有投资资本回报率、净资产收益率、经济增加值回报率、息税前利润、自由现金流、资产负债率、总资产周转率、资本周转率等。

(1) 投资资本回报率，是指企业一定会计期间取得的息前税后利润占其所使用的全部投资资本的比例，反映企业在会计期间有效利用投资资本创造回报的能力。一般计算公式如下。

$$投资资本回报率 = \frac{税前利润 \times (1 - 所得税税率) + 利息支出}{投资资本平均余额} \times 100\%$$

$$投资资本平均余额 = \frac{期初投资资本 + 期末投资资本}{2}$$

$$投资资本 = 有息债务 + 所有者(股东)权益$$

(2) 净资产收益率(也称权益净利率)，是反映企业一定会计期间取得的净利润占其所使用的净资产平均数的比例，反映企业全部资产的获利能力。一般计算公式如下。

$$净资产收益率 = \frac{净利润}{平均净资产} \times 100\%$$

(3) 经济增加值回报率，是反映企业一定会计期间内经济增加值与平均资本占用的比值。一般计算公式如下。

$$经济增加值回报率 = \frac{经济增加值}{平均资本占用} \times 100\%$$

(4) 息税前利润，是反映企业当年实现税前利润与利息支出的合计数。一般计算公式如下。

$$息税前利润 = 税前利润 + 利息支出$$

(5) 自由现金流，是指企业一定会计期间经营活动产生的净现金流超过付现资本性支出的金额，反映企业可动用的现金。一般计算公式如下。

$$自由现金流 = 经营活动净现金流 - 付现资本性支出$$

(6) 资产负债率，是指企业负债总额与资产总额的比值，反映企业整体财务风险程度。一般计算公式如下。

$$资产负债率 = \frac{负债总额}{资产总额} \times 100\%$$

(7) 总资产周转率，是指企业营业收入与总资产平均余额的比值，反映总资产在一定会计期间内周转的次数。一般计算公式如下。

$$总资产周转率 = \frac{营业收入}{总资产平均余额} \times 100\%$$

(8) 资本周转率，是指企业一定会计期间内营业收入与平均资本占用的比值。一般计算公式如下。

$$资本周转率 = \frac{营业收入}{平均资本占用} \times 100\%$$

2. 客户维度指标体系的构建

客户维度界定了目标客户的价值主张。企业常用指标有市场份额、客户获得率、客户保持率、客户获利率、战略客户数量等。

(1) 市场份额，是指一个企业的销售量(或销售额)在市场同类产品中所占的比重。

(2) 客户获得率，是指企业在争取新客户时获得成功部分的比例。该指标可用客户数量增长率或客户交易额增长率来描述。一般计算公式如下。

$$客户数量增长率 = \frac{本期客户数量 - 上期客户数量}{上期客户数量} \times 100\%$$

$$客户交易额增长率 = \frac{本期客户交易额 - 上期客户交易额}{上期客户交易额} \times 100\%$$

(3) 客户保持率，是指企业继续保持与老客户交易关系的比例。该指标可用老客户交易额增长率来描述。一般计算公式如下。

$$老客户交易额增长率 = \frac{老客户本期交易额 - 老客户上期交易额}{老客户上期交易额} \times 100\%$$

(4) 客户获利率，是指企业从单一客户得到的净利润与付出的总成本的比率。一般计算公式如下。

$$客户获利率 = \frac{单一客户净利润}{单一客户总成本} \times 100\%$$

(5) 战略客户数量，是指对企业战略目标实现有重要作用的客户的数量。

3. 内部业务流程维度指标体系的构建

内部业务流程维度确定了对战略目标产生影响的关键流程。企业常用指标有交货及时率、生产负荷率、产品合格率、存货周转率等。

(1) 交货及时率，是指企业在一定会计期间内及时交货的次数占总交货次数的比例。一般计算公式如下。

$$交货及时率 = \frac{及时交货的订单个数}{总订单个数} \times 100\%$$

(2) 生产负荷率，是指投产项目在一定会计期间内的产品产量与设计生产能力的比例。一般计算公式如下。

$$生产负荷率 = \frac{实际产量}{设计生产能力} \times 100\%$$

(3) 产品合格率，是指合格产品数量占总产品产量的比例。一般计算公式如下。

$$产品合格率 = \frac{合格产品数量}{总产品数量} \times 100\%$$

(4) 存货周转率，是指企业营业收入与存货平均余额的比值，反映存货在一定会计期间内周转的次数。一般计算公式如下。

$$存货周转率 = \frac{营业收入}{存货平均余额}$$

4. 学习与成长维度指标体系的构建

学习与成长维度确定了对战略最重要的无形资产。企业常用指标有员工流失率、员工保持率、员工生产率、培训计划完成率等。

(1) 员工流失率，是指企业一定会计期间内离职员工占员工平均人数的比例。一般计算公式如下。

$$员工流失率 = \frac{本期离职员工人数}{员工平均人数} \times 100\%$$

(2) 员工保持率，一般计算公式如下。

$$员工保持率 = 1 - 员工流失率$$

(3) 员工生产率，是指员工在一定会计期间内创造的劳动成果与其相应员工数量的比值。该指标可用人均产品生产数量或人均营业收入进行衡量。一般计算公式如下。

$$人均产品生产数量 = \frac{本期产品生产总量}{生产人数}$$

$$人均营业收入 = \frac{本期营业收入}{员工人数}$$

(4) 培训计划完成率，是指培训计划实际执行的总时数占培训计划总时数的比例。一般计算公式如下。

$$培训计划完成率 = \frac{培训计划实际执行的总时数}{培训计划总时数} \times 100\%$$

(四) 平衡计分卡的指标

企业可根据实际情况建立通用类指标库，不同层级单位和部门结合不同的战略定位、业务特点选择适合的指标体系。

平衡计分卡指标的权重分配应以战略目标为导向，反映被评价对象对企业战略目标贡献或支持的程度，以及各指标之间的重要性水平。

企业绩效指标权重一般设定在5%～30%，对特别重要的指标可适当提高权重。对特别关键、影响企业整体价值的指标可设立"一票否决"制度，即如果某项绩效指标未完成，无论其他指标是否完成，均视为未完成绩效目标。

(五) 平衡计分卡绩效目标值

平衡计分卡绩效目标值应根据战略地图的因果关系分别设置。首先确定战略主题的目标值，其次确定主题内的目标值，然后基于平衡计分卡评价指标与战略目标的对应关系，为每个评价指标设定目标值，通常设定3～5年的目标值。

平衡计分卡绩效目标值确定后，应规定因内外部环境发生重大变化、自然灾害等不可抗力因素对绩效完成结果产生重大影响时，对目标值进行调整的办法和程序。一般情况下，由被评价对象或评价主体测算确定影响程度，向相应的绩效管理工作机构提出调整申请，报薪酬与考核委员会或类似机构审批。

(六) 平衡计分卡绩效计划与激励计划

绩效计划与激励计划制订后，企业应在战略主题的基础上，制定战略性行动方案，实现短期行动计划与长期战略目标的协同。战略性行动方案的制定主要包括以下内容。

1. 选择战略性行动方案

制定每个战略主题的多个行动方案，并从中区分、排序和选择最优的战略性行动方案。

2. 提供战略性资金

建立战略性支出的预算，为战略性行动方案提供资金支持。

3. 建立责任制

明确战略性行动方案的执行责任方，定期回顾战略性行动方案的执行进程和效果。

绩效计划与激励计划执行过程中，企业应按照纵向一致、横向协调的原则，持续地推进组织协同，将协同作为一个重要的流程进行管理，使企业和员工的目标、职责与行动保持一致，创造协同效应。

绩效计划与激励计划执行过程中，企业应持续深入地开展流程管理，及时识别存在问题的关键流程，根据需要对流程进行优化完善，必要时进行流程再造，将流程改进计划与战略目标相协同。

平衡计分卡的实施是一项长期的管理改善工作，在实践中通常采用先试点后推广的方式，循序渐进，分步实施。

四、平衡计分卡的优缺点

(一) 平衡计分卡的优点

平衡计分卡的优点有：战略目标逐层分解并转化为被评价对象的绩效指标和行动方案，使整个组织行动协调一致；从财务、客户、内部业务流程、学习与成长4个维度确定绩效指标，使绩效评价更为全面完整；将学习与成长作为一个维度，注重员工的发展要求和组织资本、信息资本等无形资产的开发利用，有利于增强企业可持续发展的动力。

(二) 平衡计分卡的缺点

平衡计分卡的缺点有：专业技术要求高，工作量比较大，操作难度也较大，需要持续地沟通和反馈，实施比较复杂，实施成本高；各指标权重在不同层级及各层级不同指标之间的分配比较困难，并且部分非财务指标的量化工作难以落实；系统性强、涉及面广，需要专业人员的指导、企业全员的参与和长期持续地修正与完善，对信息系统、管理能力有较高的要求。

五、平衡计分卡的应用

平衡计分卡的应用

【例题6-4】山青集团成立于2004年，2008年进入房地产行业，是目前中国最大的专业住宅开发企业之一。山青集团在制度和流程管理上拥有健全和成熟的企业系统，并善于不断创新，在企业内部形成"忠实于制度""忠实于流程"的价值观和企业文化，在众多房地产开发商中以品牌、服务和规模获取高价值。多年来，山青集团以其稳健的经营、良好的业绩和规范透明的管理赢得了投资者和社会各界的好评。

山青集团很早就投入大量精力进行企业制度建设，而平衡计分卡所倡导的管理思想正好弥补了山青集团自身业务和管理上的缺陷，为山青集团积极引进并应用提供了可能。具体表现在以下几方面。

1. 财务维度

财务报表是公司经营的结果，但平衡计分卡的财务维度不仅如此，山青集团不仅用净利润、集团资源回报率考核各一线公司，而且各一线公司还要证明在上述财务指标之外，公司实现了价值的增值，这些价值不以实际利润的形式存在，但能影响一段时期的收益，例如，土地储备周转期，周转越短，该资产带来利润的能力就越强。

2. 客户维度

"客户是我们永远的伙伴"被列在山青集团价值观列表中第一条，是对山青集团平衡计分卡客户维度的总结性阐释。有研究表明：客户忠诚度提升5%，公司利润就提升25%～85%。山青集团2019年开始聘请独立第三方进行客户满意度和忠诚度调查。2020年开始，集团总部设立总额100万元的客户忠诚度大奖，用于奖励在客户忠诚度建设方面成果最突出的一线公司。

2021年开始，客户忠诚度下降的一线公司遭到总部通报批评……这一系列动作，都表明山青集团对客户层面的重视程度在同行业中处于领先地位。市场占有增长率则反映了公司在新市场的扩张程度。这两个指标相辅相成，既能衡量客户对公司的满意度和忠诚度，也能及时掌握竞争市场中公司的市场占有状况。

3. 内部业务流程维度

内部业务流程维度，需要回答的问题是：为支持客户维度和财务问题，山青集团需塑造产品与服务的哪些独特属性？以项目经营计划关键节点完成率为例，山青集团共分了14个节点：①取得国土使用权证；②交地；③完成方案设计；④完成初步设计；⑤完成施工图设计；⑥取得施工许可证；⑦项目开工；⑧售楼处、样板区开放；⑨取得预售许可证；⑩开盘；⑪施工进场；⑫竣工备案；⑬交房；⑭交房完成率95%。不影响上述14个关键节点时，各职能部门可自行调整计划，只需将结果抄送公司；影响上述14个节点中①⑦⑩⑫⑬节点时，各职能部门必须上报公司，由公司严格考核项目关键节点的按时达成率。专业工作满意度和员工综合满意度由公司内部问卷调查完成，旨在了解员工总体满意度和改善后的情况，进而提高产品质量。

4. 学习与成长维度

山青集团的运作与管理系统、职业经理人和企业文化构成了山青集团平衡计分卡的学习与成长维度。人力投入产出是指单位人力成本带来的净利润，表示了人力投入产生的回报，可衡量组织部门效率；骨干人员价值流失率则从相反的角度，表现骨干人员离职造成的人员培养损失，从其造成损失的大小衡量公司骨干人员的保护能力。

本章小结

绩效管理，是指企业与所属单位(部门)、员工之间就绩效目标及如何实现绩效目标达成共识，并帮助和激励员工取得优异绩效，从而实现企业目标的管理过程。绩效管理的核心是绩效评价和激励管理。绩效管理应用的方法包括关键绩效指标法、经济增加值法、平衡计分卡、股权激励等。企业可根据自身战略目标、业务特点和管理需要，结合不同工具方法的特征及适用范围，选择一种适合的绩效管理工具方法单独使用，也可选择两种或两种以上的工具方法综合运用。

关键绩效指标法，是指基于企业战略目标，通过建立关键绩效指标(key performance indicator，KPI)体系，将价值创造活动与战略规划目标有效联系，并据此进行绩效管理的方法。关键绩效指标法可单独使用，也可与经济增加值法、平衡计分卡等其他方法结合使用。企业的关键绩效指标一般可分为结果类和动因类两类。关键绩效指标的数量不宜过多，每一层级的关键绩效指标一般不超过10个。单项关键绩效指标权重一般设定在5%～30%，对特别重要的指标可适当提高权重。对特别关键、影响企业整体价值的指标可设立"一票否决"制度，即如果某项关键绩效指标未完成，无论其他指标是否完成，均视为未完成绩效目标。

经济增加值法，是指以经济增加值(economic value added，EVA)为核心，建立绩效指标体系，引导企业注重价值创造，并据此进行绩效管理的方法。经济增加值，是指税后净营业利润扣除全部投入资本的成本后的剩余收益。经济增加值及其改善值是全面评价经营者有效使用资本和为企业创造价值的重要指标。经济增加值为正，表明经营者在为企业创造价值；经济增加值为负，表明经营者在损毁企业价值。经济增加值法较少单独应用，一般与关键绩效指标法、平衡计分卡等其他方法结合使用。企业应用经济增加值法进行绩效管理的对象包括企业及其所属单位(部门)(可单独计算经济增加值)和高级管理人员。

平衡计分卡，是指基于企业战略，从财务、客户、内部业务流程、学习与成长4个维度，将战略目标逐层分解转化为具体的、相互平衡的绩效指标体系，并据此进行绩效管理的方法。平衡计分卡通常与战略地图等其他工具结合使用。平衡计分卡适用于战略目标明确、管理制度比较完善、管理水平相对较高的企业。平衡计分卡的应用对象包括企业、所属单位(部门)和员工。平衡计分卡每个维度的指标通常为4～7个，总数量一般不超过25个。

课程思政元素

绩效管理与马克思主义哲学

1. 全面联系发展的观点

绩效管理不是孤立的，绩效管理的制定需要结合企业的实际业务，综合运用战略管理、人力资源管理和财务等相关知识。

2.理论联系实际的观点

对于绩效管理的学习，不能只停留在理论知识的掌握和理论案例的分析，要让学生真实参与到企业的案例中。

3.爱岗敬业、遵守法律和职业道德的观点

绩效管理是从企业顶层设计开始的，涉及面广，烦琐复杂，需要学生尽快进入角色定位，爱岗敬业。绩效管理涉及企业的商业秘密，需要遵守法律和职业道德。

通过教育，让学生志存高远、脚踏实地；通过线上线下混合式教学，增加学生学习时间和难度，培养其独立思考能力和学习主动性；通过课程多元化教学方法与手段的实施，提高学生的沟通协作能力和创新能力，最终培养一批高素质的管理会计人才。

同步练习

第一节　绩效管理认知

一、单项选择题

1.绩效评价计分方法可分为定量法和(　　)。

　A.定性法　　　　　　　　　　B.定额法

　C.定值法　　　　　　　　　　D.定标法

2.绩效责任书一般按年度或(　　)签订。

　A.任期　　　　　　　　　　　B.半年度

　C.季度　　　　　　　　　　　D.月度

3.绩效评价报告根据评价结果编制，反映被评价对象的绩效计划完成情况，通常由报告正文和附件构成。报告正文主要包括评价情况说明和(　　)。

　A.评价对象　　　　　　　　　B.管理建议

　C.评价依据　　　　　　　　　D.评价结果

二、多项选择题

1.企业进行绩效管理，一般应遵循(　　)。

　A.战略导向原则　　　　　　　B.客观公正原则

　C.规范统一原则　　　　　　　D.科学有效原则

2.激励计划是企业为激励被评价对象而采取的行动方案，包括(　　)等内容。

　A.激励对象　　　　　　　　　B.激励形式

　C.激励条件　　　　　　　　　D.激励周期

三、判断题

1. 绩效管理的核心是绩效评价和激励管理。   (　　)

2. 绩效评价是企业实施激励管理的重要依据。   (　　)

第二节　关键绩效指标法

一、单项选择题

1. 关键绩效指标应含义明确、可度量、与战略目标高度相关。指标的数量不宜过多，每层级的关键绩效指标一般不超过(　　)个。

A. 5   B. 15

C. 10   D. 20

2. 关键绩效指标的权重分配应以企业战略目标为导向，反映被评价对象对企业价值贡献或支持的程度，以及各指标之间的(　　)水平。

A. 重要性   B. 关联性

C. 目标性   D. 分析性

3. 单项关键绩效指标权重一般设定在(　　)，对特别重要的指标可适当提高权重。

A. 5%～20%   B. 5%～30%

C. 10%～20%   D. 10%～30%

二、多项选择题

1. 企业的关键绩效指标一般可分为结果类和动因类两类。结果类指标是反映企业绩效的价值指标，主要包括(　　)等综合指标。

A. 投资回报率   B. 净资产收益率

C. 经济增加值   D. 息税前利润

2. 企业的关键绩效指标一般可分为结果类和动因类两类指标。动因类指标是反映企业价值关键驱动因素的指标，主要包括(　　)。

A. 资本性支出   B. 单位生产成本

C. 产量   D. 销量

3. 关键绩效指标选取的方法主要有(　　)。

A. 关键成果领域分析法   B. 组织功能分解法

C. 工作流程分解法   D. 经济增加值法

4. 关键绩效指标应(　　)。

A. 含义明确   B. 可度量

C. 与战略目标高度相关   D. 可计划

5. 企业应用关键绩效指标法，一般按照(　　)。

A. 制订以关键绩效指标为核心的绩效计划

B. 制订激励计划

C. 执行绩效计划与激励计划

D. 实施绩效评价与激励

三、判断题

1. 关键绩效指标法可单独使用，也可与经济增加值法、平衡计分卡等其他方法结合使用。　　　　　　　　　　　　　　　　　　　　　　　　　　　（　　）

2. 战略目标是确定关键绩效指标体系的基础，关键绩效指标反映战略目标，对战略目标实施效果进行衡量和监控。　　　　　　　　　　　　　　　　　（　　）

3. 企业的关键绩效指标一般可分为结果类和动因类两类。　　　　（　　）

4. 关键绩效指标的目标值确定后，即使因内外部环境发生重大变化、自然灾害等不可抗力因素对绩效完成结果产生重大影响时，也不能规定对目标值进行调整的办法和程序。　　　　　　　　　　　　　　　　　　　　　　　　　　　　（　　）

5. 组织功能分解法，是基于组织功能定位，按照各所属单位(部门)对企业总目标所承担的职责，逐级分解和确定关键绩效指标的方法。　　　　　　　　　（　　）

第三节　经济增加值法

一、单项选择题

1. 在计算披露的经济增加值法时，需要调整的支出项目是(　　)。

　　A. 货币资金　　　　　　　　　　　　B. 存货

　　C. 应收及预付款项　　　　　　　　　D. 在建工程

2. 经济增加值法是指税后净营业利润扣除全部投入资本成本后的(　　)。

　　A. 利润总额　　　　　　　　　　　　B. 净利润

　　C. 剩余收益　　　　　　　　　　　　D. 净现值

3. 企业应用经济增加值法，应树立(　　)。

　　A. 利润最大化观念　　　　　　　　　B. 价值管理理念

　　C. 剩余收益观念　　　　　　　　　　D. 效益最大化观念

4. 平均资本占用是所有投资者投入企业经营的全部资本，包括债务资本和股权资本，不包括(　　)。

　　A. 融资活动产生的各类有息负债　　　B. 经营活动产生的无息流动负债

　　C. 少数股东权益　　　　　　　　　　D. 经营活动产生的有息流动负债

二、多项选择题

1. 经济增加值法指标体系通常包括(　　)。

　　A. 经济增加值　　　　　　　　　　　B. 经济增加值改善值

　　C. 经济增加值回报率　　　　　　　　D. 资本周转率

2. 经济增加值法的激励计划按激励形式可分为( )。

  A. 薪酬激励计划   B. 能力开发激励计划

  C. 职业发展激励计划   D. 其他激励计划

3. 在计算披露的经济增加值时,下列各项中,需要进行调整的项目有( )。

  A. 研究开发费用   B. 营业外收入

  C. 资本化利息支出   D. 递延税金

三、判断题

1. 经济增加值,是指营业利润扣除全部投入资本成本后的剩余收益。 ( )

2. 经济增加值为负,表明经营者在损毁企业价值。 ( )

3. 经济增加值法一般都是单独应用,很少与关键绩效指标法、平衡计分卡等其他方法结合使用。 ( )

4. 税后净营业利润等于会计上的税后净利润加上利息支出等会计调整项目后得到的税后利润。 ( )

四、计算分析题

1. 新华公司税后营业净利润为810 000元,资产平均余额为9 000 000元,负债平均余额为500 000元。假设加权平均税前资本成本为11%,并假设没有需要调整的项目。

要求:计算该公司的经济增加值。

2. M公司以经济增加值为目标,确定明年增加值为2000万元,目前该公司2021年的财务规划如下。

(1) 2020年公司实现销售收入20 000万元,净利润2000万元,平均资产总额8000万元,平均无息流动负债800万元。

(2) 2021年预计实现销售收入增长10%,销售净利润、资产周转率不变,且平均无息流动负债与销售收入比例不变;拟投入研发500万元;目前资产负债率为60%,负债的平均利率(利息/负债)为5%,所得税税率为25%,加权平均资本成本率为10%。

要求:预测2021年经济增加值并分析是否能实现既定目标。

第四节 平衡计分卡

一、单项选择题

1. 平衡计分卡每个维度的指标通常为( )个。

  A. 4～7   B. 5～8

  C. 6～9   D. 7～10

2. 平衡计分卡4个维度的指标总数量一般不超过( )个。

  A. 15   B. 20

  C. 25   D. 30

二、多项选择题

1. 平衡计分卡，是指基于企业战略，从(　　　)4个维度，将战略目标逐层分解转化为具体的、相互平衡的绩效指标体系，并据此进行绩效管理的方法。

    A. 财务   B. 客户

    C. 内部业务流程   D. 学习与成长

2. 平衡计分卡适用于(　　　)的企业。

    A. 战略目标明确   B. 管理制度比较完善

    C. 管理水平相对较高   D. 管理水平相对较低

三、判断题

1. 平衡计分卡通常与战略地图等其他工具结合使用。   (　　)

2. 自由现金流，是指企业一定会计期间经营活动产生的净现金流超过付现资本性支出的金额，反映企业可动用的现金。   (　　)

四、计算分析题

1. 某企业2019年主营业务收入净额为77万元，主营业务净利率为10%，按照主营业务收入计算的存货周转率为7次，期初存货余额为8万元；期初应收账款余额为12万元，期末应收账款余额为10万元，速动比率为150%，流动比率为200%，固定资产总额为50万元，该企业期初资产总额为80万元。该公司流动资产由速动资产和存货组成，资产由固定资产和流动资产组成。

要求：

(1) 计算应收账款周转率(计算结果保留两位小数)。

(2) 计算总资产周转率(计算结果保留两位小数)。

(3) 计算总资产净利率(计算结果保留两位小数)。

2. Greasy Grimes是由企业家Terrel Grimes所拥有的一家汽车修理连锁店。在20世纪60年代建立了该公司并与当地的修车厂和新车交易商服务部分竞争，除了实行基本的换油和润滑服务外，Greasy Grimes的技工们还修理发动机变速器和刹车系统。公司工人设有3个劳动等级，工资率如表6-4所示。

表6-4　工人工资率

单位：美元/时

学徒工	普通技工	熟练技工
25	30	40

每个店有一个执行顾客成本估算并分配工作的经理，通过人工估算确定执行各种修理所需要的标准工时。Grimes正在审阅第222家分店变速器业务的月报。最近该店管理层有

了变化，Grimes非常希望评估新经理能够有效使用工人的能力。第222家相关数据如表6-5所示。

表6-5 第222家分店相关数据

标准工时等级：学徒工7月

实际工时	实际工资率	标准小时	标准工资率
500	30美元/时	800	25美元/时

要求：计算第222家分店7月份人工工资率和人工效率差异并解释结果。

习题参考答案